Michael Geitner · Dual-Aktivierung

Michael Geitner
Dual-Aktivierung

Einbandgestaltung: Katja Draenert
Titelfotos und Fotos auf der Umschlagrückseite: Holm Wolschendorf/CAVALLO
Alle Farbfotos und Zeichnungen: Holm Wolschendorf/CAVALLO mit Ausnahme von
DO IT - soccer university (www.socceruniversity.de): S. 37
Prof. Dr. Bernhard Grzimek/OKAPIA KG: S.20
Thomas Höller: S. 15 links
Medical College of Wisconsin: S.15–17
Naturfoto Kuczka: S. 17 Mitte links, S. 31
Christiane Slawik: S. 17 oben links und unten links, S. 33 oben
Sabine Stuewer: S. 155
Armgard von der Wense: S.44

Alle Angaben in diesem Buch wurden nach bestem Wissen und Gewissen
gemacht. Sie entbinden den Pferdehalter nicht vor der Eigenverantwortung für
sein Tier. Für einen eventuellen Missbrauch der Informationen in diesem Buch
können weder der Autor noch der Verlag oder die Vertreiber des Buches zur
Verantwortung gezogen werden.
Eine Haftung für Personen-, Sach- und Vermögensschäden ist ausgeschlossen.

> Sie finden uns im Internet unter:
> www.mueller-rueschlikon.ch

ISBN 10: 3-275-01539-7
ISBN 13: 978-3-275-01539-9

Copyright © 2005 by Müller Rüschlikon Verlags AG, Gewerbestraße 10,
CH-6330 Cham

1. Auflage 2005
Nachdruck, auch einzelner Teile, ist verboten. Das Urheberrecht und
sämtliche weiteren Rechte sind dem Verlag vorbehalten. Übersetzung,
Speicherung, Vervielfältigung und Verbreitung einschließlich Übernahme
auf elektronische Datenträger wie CD-ROM, Bildplatte usw. sowie
Einspeicherung in elektronische Medien wie Bildschirmtext, Internet usw.
sind ohne vorherige schriftliche Genehmigung des Verlages unzulässig
und strafbar.

Lektorat: Claudia König
Text: Kiki Kaltwasser
Innengestaltung: TEBITRON GmbH, 70839 Gerlingen
Reproduktionen: TEBITRON GmbH, 70839 Gerlingen, digi bild reinhardt,
73037 Göppingen
Druck und Bindung: Henkel GmbH, 70435 Stuttgart
Printed in Germany

Inhalt

Vorwort 8

Der Urknall
Wie alles begann 12
Auf der Spur von Gelb und Blau 15
Der Kampfsport Eskrima 22
Lernen von Dick und Doof 22
Einer geht noch 22
Lösung durch Rechts-Links-Reize 24
Was kann die Dual-Aktivierung? 34
Die Arbeit mit dem Pferd 35
Einwirkung auf den Pferdekörper 37

Grundlagen der Dual-Aktivierung
Voraussetzungen fürs Training 40
Die Ausrüstung 41
Ausrüstung für den Trainer 41
Ausrüstung fürs Pferd 42
Die Zeit 43
Warum Muskeln wachsen 44
Muskelwachstum ohne Doping 47
Der Trick des Umlastens 49
Kampf dem Stress 49
Die magischen Zahlen: 10-10-5 50

Bodenarbeit – Fahnen, Führen und Longieren
Führen: Ich Geitner, du Freitag 54
Die Regeln fürs Zusammensein 57
Flucht-Auge und Sicherheits-Auge 58
Training mit der Fahne 62
Führen in den Dual-Gassen 66
Training an der Longe 67
Position 68
Schiefe erkennen 70
Vom Schritt zum Trab 71
Die Figuren
■ Die Doppel-Gasse 71
■ Das Trichterviereck 73
■ Die Quadratvolte 74

- Der Fächer 75
- Die engen Gassen 76
- 1001 Trainingsmöglichkeiten 77
- Mögliche Probleme 77
- Fahne fressen 77
- Verweigern 77
- Häufige Fehler 77

Dual-Aktivierung geritten
- Die Reittechnik in den Gassen 82
- Die Arbeit vor der Arbeit 83
- Die erste Gasse 86
- Trab und Tempowechsel durch die Gasse 86
- Es wird schmaler 86
- **Die Figuren beim Reiten**
- Das Dreieck 88
- Die Quadratvolte 89
- Die Pylonen-Acht 90
- Das Pylonen-Doppel-S 91
- Die Cavaletti-Gasse 92
- Parallel quer, parallel quer (PQPQ) 95
- Die Lang-Gasse 95
- Die Lombard-Gasse 96
- Das Mikado 98
- Das Kreuz 100
- Fliegende Galoppwechsel 100
- **Stimmen zur Dual-Aktivierung**
- Roger Kupfer, Westerntrainer 103
- Karin Link, Pferdesport-Therapeutin 103
- Desmond O'Brian, Instructor A, 104
- Ralf Kornprobst, Pferdewirt, 104
- Roland Freund, Military-Reiter, 105
- Christiane Brandl, Pferdewirtschaftsmeisterin 105
- Thomas Kranz, Mooshof 105

Inhalt

Gelb-Blau im Praxistest
Der erste Eindruck 108
Unter dem Sattel 108
Prognose und Training 109
Flagrantis Trainingsplan 110
Arbeit an der Hinterhand 111
Zwischen grausam und Fortschritt 112
Ein Musterschüler 113
Springtraining 114
Sechs Wochen später 115

Trainingspläne für jedes Pferd
Einzelne Probleme lösen
Trainings-Plan für Korrekturpferde 118
Trainingsplan für schiefe Pferde 120
Trainingsplan für eine energische Hinterhand 121
Trainingsplan für guten Schritt 124
Trainingsplan für bessere Koordination 126
Trainingsplan für bessere Balance 129
Trainingsplan für Pferde mit Tragkraft-Problemen 130
Trainingsplan für den Galopp 132
Trainingsplan für verladescheue Pferde 133
Das ganze Pferd trainieren
Trainingsplan für Remonten 134
Trainingsplan für »Spazierreitpferde« 136
Trainingsplan für Westernpferde 138
Trainingsplan für Schulpferde 139
Trainingsplan für Vielseitigkeitspferde 141
Trainingsplan für Springpferde 142
Trainingsplan für Dressurpferde (E bis A) 144
Trainingsplan für Dressurpferde (L) 146
Trainingsplan für Dressurpferde (M bis Grand Prix) 148
Trainingsplan für Gangpferde 150
Trainingsplan für mehr Takt beim Dreigänger 152
Trainingsplan für Distanzpferde 154
Trainingsplan für Fahrpferde 156

Danksagung 158

Vorwort

von Michael Geitner

Dual-Aktivierung ist Gehirngymnastik für Pferde. Wer es nicht live gesehen und nicht selbst ausprobiert hat, der wird kaum glauben, dass eine Fahne, Pylonen, gelbblaue Schläuche und dazu kombinierte Übungen beim Pferd so viel bewirken. Dabei ist die Dual-Aktivierung nichts Neues: Sie basiert auf Beobachtungen und Trainingstechniken, die schon lange bekannt sind – etwa das Problem der natürlichen Schiefe beim Pferd oder die Erfahrung, dass Pferden grundsätzlich alles von rechts und von links beigebracht werden muss, weil sie es nicht automatisch auf die andere Körperhälfte übertragen. Neu ist aber die Systematik, die hinter diesem Training steckt.

Neu sind auch die verblüffend schnellen Änderungen im Körper und im Verhalten des Pferds; positive Veränderungen, die mich anfangs immer wieder erstaunten.

Nach einer Erprobungsphase stellte ich mit den genannten Hilfsmitteln eine Hand voll Übungen zusammen, die bei Pferden die Konzentration verbessern und sogar bei Problemen, wie scheuen, beißen oder steigen helfen.

Aber wie funktioniert der direkte Draht zum Pferdehirn? Grundidee war für mich, die Behauptung zu hinterfragen, dass man mit einem Pferd von beiden Seiten trainieren muss. Mir war aufgefallen, dass Pferde stets eins ihrer Augen bevorzugen. In der Regel ist es das Rechte, mit dem sie alle gefährlichen Situationen einzuschätzen versuchen, auch wenn die Gefahr von rechts kommt. Folglich wird nur die dem rechten Auge zugeordnete linke Gehirnhälfte angesprochen – die linke Gehirnhälfte liegt quasi brach, weil das Pferd nicht mit dem rechten Auge schaut. Deshalb versuchte ich ein Trainingssystem zu entwickeln, welches das Pferd dazu bringt, auch mit seinem ungeübten linken Auge zu schauen, wodurch beide Gehirnhälften stärker aktiviert werden.

Vorwort

An Trainingspferden stellte ich verblüfft fest, dass scheinbar banale Übungen viele Ausbildungsschritte sparen: Statt am Halfter zu rucken, um das Pferd aufmerksam zu machen, wird es nun durch das Bewegen einer Fahne hellwach; der erste Schritt der Aktivierung. Ich setzte die Pferde ständig wechselnden Reizen aus, um im Pferdehirn die Rechts-Links-Koordination anzuregen. Bissigen, aggressiven Korrekturpferden flößt die Fahne genug Respekt ein, um nicht zuzubeißen. Sie achten auf mich und arbeiten fleißig mit. Das Pferd muss dabei ständig vom rechten Auge zum linken und zurück wechseln. Dadurch muss es in schneller Folge Reize mit beiden Gehirnhälften verarbeiten. Diese Aktivierung bringt das Pferd dazu, bewusster zu schauen, Reize gelassener zu verarbeiten und schneller zu lernen.

Ein Pferd, das sich nur fünf bis zehn Minuten intensiv mit Reizen auf beiden Körperseiten auseinander setzen muss, wird im Kopf neu justiert. Das führt zu koordinierteren Bewegungen. Am meisten verblüffte mich, dass nebenbei zig andere Probleme verschwanden, ohne dass sie gezielt »abtrainiert« wurden: Das Pferd wird gelassen, steht beim Schmied und gibt Hufe; es kann mühelos links oder rechts angaloppieren und schwankt nicht mehr bei fliegenden Wechseln.

Zusätzlich dachte ich darüber nach, was dem Pferd beim Reiten auf beiden Seiten möglichst viele Reize bietet. Heraus kam die Idee, zwei je drei Meter lange Plastikschläuche (weil Stangen beim Drauftreten zu gefährlich sind) in den Farben Blau und Gelb einzusetzen. Die Farben wählte ich, da ich zu diesem Zeitpunkt über die neuen Ergebnisse einer amerikanischen Forschergruppe gelesen hatte. Danach sehen Pferde nur Blau und Gelb, während andere Farben keine Rolle spielen. Sie haben damit eine ähnlich eingeschränkte Farbwahrnehmung wie rot-grün-blinde Menschen.

Die Arbeit in den Dual-Gassen brachte auf Anhieb erstaunliche Ergebnisse: Die Tritte der Pferde wurden erhabener und die Tiere wirkten größer. Der Effekt basierte offensichtlich aus dem ungewöhnlichen Reiz von Farbe und Objekt auf jeder Seite – Effekte, die mit andersfarbigen Stangen, mit denen ich parallel experimentierte, nicht zu beobachten waren.

Ich stellte aber auch schnell fest, dass, wenn der Reiter aus Bequemlichkeit die Breite oder Anordnung der Stangen nicht mehr variierte, die Pferde in den alten Trott zurückfielen. Aus diesem Grund habe ich in diesem Buch eine Fülle von Anregungen zusammengestellt, wie Sie mit Ihrem Pferd effektiv trainieren können. Ich wünsche Ihnen viel Spaß mit dieser aufregend neuen Arbeitsweise. Ihr Pferd wird es Ihnen danken.

Der Urknall

Wie alles begann

Es war ein nasskalter, grauer Tag im November 2003, der mein Leben verändern sollte. Der Tierarzt Dr. Eberhard Reininger brachte drei seiner Turnierpferde zu mir auf die Rancho Allegre. Er war begeistert von meiner »Bestrict«-Methode und wollte, dass ich mit seinen Pferden danach arbeite. Eins der Trainingspferde zündete eine Kettenreaktion ungeahnten Ausmaßes: Anastasia, ein feingliedriges Springtalent, nussbraun und blitzgescheit.

Um Anastasia beim Longieren vorwärts zu treiben, schwenkte ich wie immer meine Gerte, an die ich zu Trainingszwecken einen raschelnden, rotweißen Plastikwimpel gebunden habe. Da ich etwas vom Boden aufheben wollte, stand ich für einen Moment rechts hinter der Stute statt in der Mitte des Zirkels. Anastasia wollte sehen, was ich da mache und drehte ihren Kopf in meine Richtung. Was erstaunlich war: Sie drehte ihn nicht nach rechts, sondern so weit es nur ging nach links. Sie sah mich über ihren Rücken hinweg intensiv mit ihrem linken Auge an. Ich fragte mich, warum sie ihren Kopf denn nicht rechtsherum drehte. Noch während ich überlegte, wusste ich es: da ihr linkes Auge vom Führen, Aufsteigen etc. besser trainiert ist! Ihr rechtes Auge ist untrainiert und kann den Reiz nicht entsprechend verarbeiten. Anastasias Blick ging mir durch und durch. Es war als würde mir dieses Pferd sagen: »Na, hast du endlich mein Problem verstanden?«

Ein weiterer wichtiger Baustein für die Dual-Aktivierung war meine Entscheidung, nicht wie einige Trainer das gute Pferdeauge weiter zu nutzen, sondern das schlechte Auge zu stärken. Ich begann sofort mit Anastasia auf diese Weise zu arbeiten und stellte fest, dass sie massive Schwierigkeiten hatte. Nach zwei Wochen Training hatte die Stute jedoch so große Fortschritte gemacht, dass Dr. Eberhard Reininger es kaum fassen konnte. Der »neue Spleen vom Geitner« – das Gertenrascheln vor, neben und über dem Pferd verbreitete sich auf unserer »Rancho Allegre« wie ein Lauffeuer. Bald sah man die Rancho-Allegre-Reiter nur noch mit bewimpelten Gerten über den Hof laufen. Große Erfolge erzielte unser Schmied mit einem seiner vierbeinigen Problemkunden. Nachdem er mit dem Pferd mehrfach rechts-links gearbeitet hatte, ließ er sich ohne Umschweife beschlagen und blieb still stehen.

Das ließ mir alles keine Ruhe. Wie hing das Rechts-Links-Arbeiten mit dieser Verhaltensänderung zusammen? Warum funktionierte es? Der Durchbruch kam in einer verregneten Nacht mit Dr. Reininger und einem seiner Pferde, dessen Nervosität nicht nachlassen wollte. Es war kurz vor 23 Uhr. Wir hatten gerade im strömenden Regen die letzte Trainingssequenz des Tages auf dem Reitplatz beendet. Völlig durchnässt und durchgefroren wurden wir dennoch nicht müde, das Problem zu diskutieren. Ich dachte laut vor mich hin: »Man müsste das Gertenrascheln auch aufs Reiten übertragen können!« Der Tierarzt überlegte kurz und ergänzte: »Mein alter Reitlehrer hat immer gesagt, man soll zwei Stangen auf den Boden legen, wenn ein Pferd unruhig ist.« Ich war sofort Feuer und Flamme. Es klang einfach logisch, denn dabei hatten die Pferde einen Rechts-Links-Reiz. Ich war wieder verblüfft: Intuitiv hatten erfahrene Pferdeleute offenbar seit Jahrhunderten Pferde dual-aktiviert, dabei aber versäumt, dieses zentrale Element der Pferdeausbildung herauszustellen. Es war sozusagen in ihrem enormen Wissen versteckt, weil sie es für so selbstverständlich hielten.

Der Regen und die Uhrzeit waren mir egal. Am Liebsten wollte ich sofort loslegen. Doch die Nachtruhe der Pferde gebot mir, bis zum nächsten Morgen zu warten. In dieser Nacht habe ich kein Auge zugetan. Gleich am nächsten Morgen ging ich mit der nervösen Stute ins Round Pen. Ich legte zwei Springstangen mit einer Armlänge Abstand nebeneinander auf dem Zirkel aus. So musste sich das Pferd abwechselnd auf dem Zirkel biegen und innerhalb der Stangen gerade richten. Nach einigen

Der Urknall

Runden zeigte die unsichere Stute bereits einen gleichmäßigeren Takt und eine aktivere Hinterhand; beides Grundlagen für ein sich selbst tragendes und damit selbstsicheres Pferd.

Ich sprach mit Dr. Reininger über das Phänomen. Er bot an, sich an der Universität München umzuhören, ob dort etwas über das Rechts-Links-Phänomen bei Pferden wissenschaftlich belegt ist. Er fand nichts über »Rechts-Links«, wohl aber etwas über das Farbsehen von Pferden. Danach reagierten sie auf blau und gelb am Besten – eine Studie, über die die Zeitschrift CAVALLO bereits im Juli 2002 ausführlich berichtet hatte. Damals zog jedoch kein Trainer Konsequenzen aus den neuen Erkenntnissen zum Farbsehen. Fortan strichen wir unsere Stangen Blau und Gelb an. Unbefriedigend war jedoch das Material, da sich die Tiere beim Drauftreten verletzen konnten. Schließlich schickten und ritten wir die Pferde nicht nur im Schritt durch die Stan-

■ Leicht und wirksam: Pylonen sind bei der Ausbildung bekannt. Michael Geitner ersetzte aber die altbekannten rot-weißen Kegel durch blaue und gelbe – mit verblüffendem Erfolg.

gen-Gassen, sondern auch im Trab und im Galopp. Wir probierten unzählige Kombinationen mit den Stangen aus. Nach kurzer Zeit beschlossen wir, Holz durch ein weicheres Material zu ersetzen. Ich ließ zehn sündhaft teure Schaumstoffstangen in blau und gelb anfertigen. Ich erinnere mich noch genau, wie das Paket angeliefert wurde. Wir kamen uns vor wie kleine Kinder, die ihre Pakete am Weichnachtsabend öffnen. Wieder ging es sofort ins Round Pen. Diesmal musste Mira, meine bewährte Haflingerstute, als Test-Pferd herhalten. Man muss Mira kennen, um sich vorstellen zu können, wie dieser Haflinger in Sekunden Träume platzen lassen kann. Wahrscheinlich wäre was dann geschah auch bei jedem anderen Pferd passiert. Die Schaumstoffteile waren noch nicht ganz ausgelegt, als Mira mit stoischer Ruhe auf eine Stange trat und diese in zwei Teile zerlegte. Für diesen Tag war mein Elan gebrochen. Zufällig bekam Dr. Reininger Kontakt zu einer Firma, die Wassergräben für Turnierparcours herstellt. Er beschrieb das Problem und erklärte, dass wir ein besonders strapazierfähiges Material benötigen. So wurden schließlich die ersten alltagstauglichen blaugelben Trainingsstangen hergestellt, die auch Mira-tauglich waren.

In den nächsten Monaten kreierten wir viele Figuren und verschiedene Parcours mit den Gassen. Durch das weiche Material konnten wir das Training intensivieren, denn die Pferde nahmen keinen Schaden mehr, wenn sie mal auf einen der Schläuche traten ... Wir begannen die Abstände so zu verkleinern, dass nur noch ein Huf durch die Gasse passte. Der Name »Dual-Gasse« war geboren.

Meine Bereiterin Kathi Hundschell kam auf die Idee, die so genannte Quadratvolte ins Training einzubauen. Quadratvolten spielen in der Reiterei für die Gymnastizierung der Pferde schon lange eine wichtige Rolle; nie wurden sie jedoch mit optischer Unterstützung von gelbblauen Stangen geritten.

Bei dieser Figur werden auf den vier Seiten des Quadrats jeweils Dual-Gassen ausgelegt. Das Pferd wird so in kurzen Abständen dazu veranlasst, sich zu biegen und wieder gerade zu stellen. Durch die optischen Reize fällt es ihm leichter, als wenn der Reiter dasselbe von ihm ausschließlich durch Hilfen verlangt.

Ergänzt wurde die Erprobungsphase durch viele Gespräche und Treffen mit meinem Trainerkollegen und Freund Roger Kupfer und dem Tierarzt Dr. Mathias Baumann, Olympia-Sieger im Vielseitigkeitsreiten. Wir entwickelten Visionen, wie wir das Ganze systematisieren konnten, um die Dual-Aktivierung vom Freizeitpferd bis zum Hochleistungs-Rennpferd anzuwenden. Mittlerweile sind hunderte von Pferden »dual-aktiviert«. Ihr Training hat mein Auge für die blockierte Wahrnehmung von Pferden, ihre Bewegungsabläufe, Balance und Koordination geschult. Die Dual-Aktivierung, mit der ich mich in den vergangenen zwei Jahren so intensiv beschäftigt habe, lässt »Be strict« wie ein grobes Raster aussehen. Nach wie vor ist »Be strict« für mich natürlich ein ganz wichtiges Fundament in der Pferde-Erziehung. Die Feinheiten aber, das Zusammenspiel von Muskeln, Bewegungsablauf und Leistungsfähigkeit hat mir die Dual-Aktivierung gezeigt.

Sie macht Spaß und schult Pferd und Reiter. Sie bringt Kreativität in Ihren Trainingsalltag. Dabei wird sowohl die gute als auch die schlechte Seite Ihres Pferdes trainiert – und natürlich auch Ihre gute und schlechte Seite. In Verbindung mit den wichtigen Hilfsmitteln, den Dual-Gassen (gelber und blauer Stangenschlauch), den Pylonen und der Fahne, wird es für das Pferd leichter, Last mit seiner Hinterhand aufzunehmen und sich gerade zu richten. Das trifft in allen Gangarten bei entsprechend richtigem Training zu. Egal, auf welchem reiterlichen Niveau Sie sind, welche Reitweise Sie bevorzugen oder für welchen Zweck Sie das Pferd einsetzen: Durch die ständigen Rechts-Links-Reize bringt das Training das Pferd dazu, mehr Informationen aufzunehmen und im Gehirn zu verarbeiten.

Auf der Spur von Gelb und Blau

Dass Pferde Farben sehen, ist mittlerweile sicher. Nur Unbelehrbare unterstellen ihnen noch eine Schwarz-Weiß-Sicht der Dinge. Doch wie ein Pferd Rot, Blau, Gelb und Grün wirklich sieht, weiß man erst seit wenigen Jahren. 2001 brach eine Gruppe amerikanischer Neurobiologen auf, die Farbwelt mit den Augen eines Pferds zu entdecken. Ihr Anführer, Joseph Carroll vom Medical College of Wisconsin in Milwaukee, fand heraus, dass Pferde Farben ähnlich sehen wie rotgrünblinde Menschen: Sie sehen vieles einfach mehr oder minder blau, gelb oder grau, und können Rot und Grün schlecht voneinander unterscheiden. Um das zu veranschaulichen, entwickelte Carroll ein Computerprogramm, mit dem Menschen die Farbwelt aus der Sicht des Pferds sehen können – siehe die Fotos unten und auf den nächsten Seiten, die Carroll für Sie in die Pferde-Perspektive umwandelte.

Um dem Farbsehen beim Pferd auf die Spur zu kommen, musste der Forscher mithilfe ausgeklügelter Technik ins Pferdeauge tauchen. Er klemmte Kabel und Fühler an die Hornhaut von narkotisierten Pferden. Dann maß er die elektrischen Ströme, die das Auge durchzucken, wenn es farbige Lichtreize sieht. Solche Messungen oder Elektroretinogramme münden in nüchterne, dem Laien nichts sagende Zahlen und Kurven. Doch Profis können aus diesem Auf und Ab die buntesten Dinge lesen. »Alle Informationen, die im Licht stecken, sind verschlüsselt in unendlich vielen Kombinationen von Wellenlängen«, sagt Carroll. »Wie viel Information ein Tier herausziehen kann, hängt von seinem Seh-System ab.«

Dessen Grundprinzipien sind bei jedem Säugetier identisch und ermöglichen ein kompliziertes Zusammenspiel der Sinne, Nerven und Organe – raffinierter als die teuerste Kamera. Jede Farbe, ob Grasgrün oder Karottenorange, schießt als Lichtstrahl einer ganz bestimmten Wellenlänge durchs Auge ins Gehirn. Erst das Gehirn entscheidet, welche Farbe es dem Ganzen gibt, ob etwa das Hindernis Blau strahlt oder ob der Reiter heute Rot trägt. Das Hirn ist gleichsam das Fotolabor des Körpers, das den Film aus dem Auge entwickelt.

Erste Station: Fotorezeptoren in der Netzhaut, die Licht mithilfe chemischer Pigmente (Sehfarbstoffe) schlucken. Bei allen Säugetieren gibt es zwei Klassen solcher Rezeptoren. Stäbchen und Zapfen sitzen als dicht gepacktes Mosaik in der Retina; die schlanken, hoch sensiblen Stäbchen sind für das Hell-/Dunkelsehen zuständig

■ **Rot-Weiß-Grün: So sieht es der Mensch (links). Daneben dasselbe Bild aus Pferdesicht.**

■ Die Bilder mit »a« zeigen die Welt, wie der Mensch sie sieht. Die Bilder mit »b« zeigen das jeweils selbe Bild aus Pferdesicht, die etwas unschärfer als die des Menschen ist. Auffällig ist, wie für das Pferd Rot, Grün und Braun zu einer einzigen Farbe verschwimmen. Gelb, Blau und Weiß bleiben als klare Farben sichtbar. Besonders interessant sind die Bilder 4a und 4b: Für das Pferd sticht die gelb-blau gekleidete Zuschauerin am linken Bildrand deutlich hervor, wogegen sie dem Menschen in dem Gewimmel von Farben nicht besonders auffällt.

Der Urknall

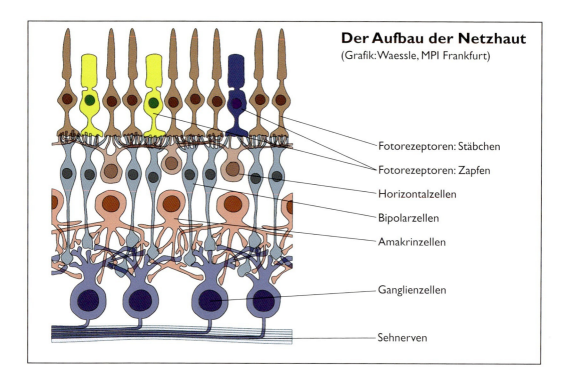

Der Aufbau der Netzhaut
(Grafik: Waessle, MPI Frankfurt)

Fotorezeptoren: Stäbchen
Fotorezeptoren: Zapfen
Horizontalzellen
Bipolarzellen
Amakrinzellen
Ganglienzellen
Sehnerven

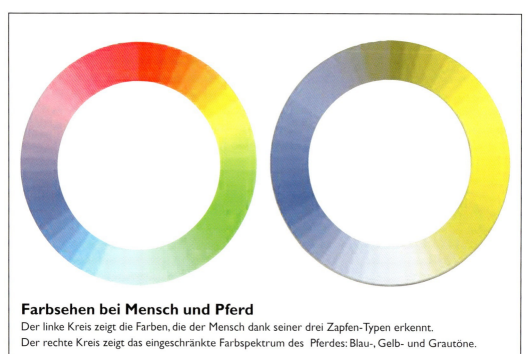

Farbsehen bei Mensch und Pferd
Der linke Kreis zeigt die Farben, die der Mensch dank seiner drei Zapfen-Typen erkennt.
Der rechte Kreis zeigt das eingeschränkte Farbspektrum des Pferdes: Blau-, Gelb- und Grautöne.

und deshalb vor allem bei dämmerungs- und nachtaktiven Tieren in großer Zahl vorhanden. Pferde haben schätzungsweise 20-mal so viele Stäbchen wie Zapfen. Fürs Farbsehen sind allerdings die gedrungenen Zapfen wichtiger. Sie schlucken mal blaues, mal rotes und mal grünes Licht und werden deshalb in Blau-Zapfen, Rot-Zapfen und Grün-Zapfen unterteilt.

Je mehr Zapfen-Typen und Sehfarbstoffe ein Tier hat, desto breiter das Spektrum des eingefangenen Lichts. Menschen und Menschenaffen besitzen alle drei Zapfen-Typen, sehen also trichromatisch. Sie erkennen mehr Farbnuancen als der Dichromat Pferd. »Menschen erkennen sogar 200 verschiedene Grau-Stufen«, sagt Carroll.

Pferde haben, ebenso wie Hunde und andere Säugetiere, nur zwei Zapfen-Typen. Einer schluckt kurzwelliges blaues Licht (Optimum: 428 Nanometer), der andere sowohl mittel- als auch langwelliges Rot und Grün (Optimum: 539 Nanometer). Wissenschaftler prägten für diese Tiere den Begriff Dichromaten.

Egal ob Di- und Trichromaten – bei allen Tieren sind die Zapfen im Seh-System nur Durchgangsstationen auf dem Weg zum mehr oder minder farbigen Bild. Ihre Sehfarbstoffe wandeln die energiereiche Licht-Information in eine Folge elektrischer Impulse um, die blitzschnell durch weitere Stationen rasen: Amakrinzellen, Bipolarzellen, Horizontalzellen, Ganglienzellen. Wie viele solcher Trafos insgesamt in der Netzhaut arbeiten, kann man nur schätzen. Beim Menschen wandeln rund 130 Millionen Nervenzellen die elektrischen Signale um, filtern, addieren und verrechnen die Bildinformationen aus den Rezeptoren, ehe der optische Nerv sie ins Gehirn leitet. Erst dort, in den visuellen Zentren des Großhirns, entsteht das mehr oder weniger farbige Bild der Umgebung.

Es ist freilich alles andere als objektiv, weil ein Tier es durch zig Interpretationen und sorgfältiges Abgleichen bereits gespeicherter Daten und Erfahrungswerte retuschiert.

Pionier der Farbsehforschung war der Frankfurter Zoo-Direktor Dr. Bernhard Grzimek, der Pferde nach dem zweiten Weltkrieg in Farbdressuren testete. Er fand schon damals heraus, dass Pferde auf Gelb am besten reagieren. Er vermutete freilich noch, dass sie neben Blau auch noch Grün, Braun und Rot erkennen. Im mobilen Versuchslabor erforschte der kanadische Psychologieprofessor Brian Timney Mitte der 90er-Jahre das Farbsehen bei einer Hannoveraner- und einer Appaloosa-Stute, wobei er ebenfalls zu dem Schluss kam, dass Gelb und Blau am besten wahrgenommen werden. Timney weckte das Interesse von Gudrun Geisbauer aus Oberösterreich, die spontan nach Kanada flog, um bei Timney zu lernen.

Die Biologie-Studentin blieb drei Monate an der Universität von Western Ontario, ehe sie zu Hause ihre beiden Haflinger für eine Diplomarbeit übers Farbsehen einspannte.

Sie baute ihnen nach Timneys Vorbild eine Holzwand mit zwei Türchen – eines farbig, eines so blass wie die Wand – und trainierte sie auf Farbwahl. Stupsten sie das farbige Türchen an, gab es ein Leckerli hinter der Tür. Der Trick dabei: Damit das Pferd nicht mit der Nase, sondern dem Auge wählte, lag hinter beiden Türen Futter. »Aber eine war zugesperrt.«

Ehe sie loslegen konnte, musste sie freilich einen Störfaktor ausschalten, der solche Versuche verfälscht und auch von Grzimek nicht berücksichtigt wurde: Weil Farben nicht nur farbig sind, sondern mal heller, mal dunkler leuchten, suchte Geisbauer erst einmal bei allen Farben nach einer Helligkeitsstufe, die vom Pferd gleich gesehen wird. »Sonst wüsste ich ja nicht, ob das Pferd nur nach der Helligkeit oder tatsächlich nach der Farbe auswählt«, erklärt die Biologin, die sich nach ihren Haflinger-Versuchen ebenso wie Carroll sicher ist, »dass Pferde Blau und Gelb gut, Rot und Grün aber schlecht unterscheiden können, weil diese Farben auf demselben Rezeptor ankommen«.

Solche Erkenntnisse fand sie freilich eher nebenbei. »Mein Ziel war, den so genannten neutralen Punkt herauszufinden – also jene

■ Die ersten Experimente zum Farbsehen führte Professor Bernhard Grzimek nach dem Zweiten Weltkrieg durch. Ihre Ergebnisse gelten als überholt.

Wellenlänge, die exakt zwischen den Wellenlängen liegt, die vom Blau- und vom Rot-/Grün-Rezeptor erkannt wird«, sagt Geisbauer. An diesem neutralen Punkt sehen Pferde Grau – jeder ihrer beiden Zapfen-Typen wird gleich stark gereizt. Die Wiener Tierärztin Claudia Riedl, die über Farbsehen promovierte, experimentierte mit gelb, rot oder blau markierten Futtertrögen. Sie fand »hoch signifikante« Ergebnisse vor allem bei Gelb: In 840 Versuchen wählten die Pferde 780 Mal den richtigen Trog, was darauf deutet, dass ihnen diese Farbe besonders ins Auge sticht. Ihr vorsichtiges Fazit: »Ich kann sagen, dass Pferde diese Farben erkennen. Aber ich kann nicht sagen, ob sie die Farben genau so sehen, wie wir sie sehen.«

Die Studien zeigen nicht, wie blau das Blau im Pferd ankommt. Diese Frage kann auch der Neurobiologe Carroll noch nicht hundertprozentig beantworten – trotz aller Erkenntnisse, die er aus Elektroretinogrammen gewinnt. Carroll stellt klar, dass sämtliche Labor-Versuche nur eine Ahnung davon vermitteln, wie Pferde Farben sehen. »Im Alltag spielen viel mehr Faktoren hinein, die man im Versuch bewusst ausklammert: Helligkeit, Hintergrund, Struktur eines Gegenstands. Wir können den Reitern aber mit unseren Studien helfen, einzuschätzen, welche Dinge ihre Pferde vielleicht schlechter und welche sie besser sehen können.«

Die Welt in Unschärfe

Pferde sehen nicht nur andersfarbig, sondern auch etwas verschwommener als Menschen. Sie können sogar kurzsichtig sein. Inzwischen weiß man, dass die angeblich legendäre Sehschärfe von Pferden ein Märchen ist: Sie erkennen weit entfernte Menschen eher am Schritt oder an der Stimme als an Gesicht, Figur oder Pullover.

Der Kanadier Brian Timney startete den jüngsten Versuch zur Sehschärfe von Pferden. Dazu setzte er Pferden zwei Tafeln vor: Die eine war grau, die andere hatte ein schwarz-weißes Streifenmuster. Stupste das Pferd gegen die gestreifte Tafel, öffnete sich ein Türchen, hinter dem eine Belohnung lag. So trainierte Timney die Pferde auf das Signal »gestreift«. Nun setzte er die Streifen immer enger, bis sie fürs Pferdeauge verschwammen und nicht mehr von der grauen Tafel zu unterscheiden waren. Er fand dabei, dass Pferde etwas unschärfer sehen als andere Tiere.

»Das deckt sich mit anatomischen Vergleichsstudien der Netzhaut von Schweinen, Schafen, Ochsen und Hunden, die in den 70er- und 80er-Jahren liefen«, sagt Timney und schätzt: »Pferde erkennen ein Objekt vielleicht erst auf einem Drittel der Distanz, auf der ein Mensch es erkennen würde. Aber das ist noch ganz gut.«

Jedenfalls reicht es, »um Hindernisse und die Stalltür gut zu erkennen«, findet Dr. Bettina Wollanke, die an der chirurgischen Pferdeklinik der Uni München Augenpatienten behandelt. Sie glaubt allerdings, dass es kurzsichtige und weitsichtige Pferde gibt. »Das merken wir, wenn wir die Augen mit dem Ophthalmoskop untersuchen. Dabei müssen wir schon manchmal die Dioptrienzahl verändern, damit der Lichtstrahl scharf auf die Netzhaut trifft.« Ein Indiz dafür, dass ebenso wie bei kurz- oder weitsichtigen Menschen der Augapfel länger oder kürzer sein könnte als normal. Prüfen kann man diese Fehler nicht, weil es keine geeigneten optischen Instrumente fürs Pferd gibt. Das ist aber auch nicht tragisch, so Wollanke. »Pferde müssen ja nicht Zeitung lesen oder Auto fahren.«

■ Rechts-Links-Koordination im Kampfsport.

Der Kampfsport Eskrima

Um Sie ein wenig auf das Thema Rechts-Links-Reize einzustimmen, sollten Sie Eskrima kennen: In diesem philippinischen Kampfsport ist die Rechts-Links-Koordination ein zentrales Trainingselement. Trainiert wird mit Hilfe eines Doppelstocks. Der Kämpfer führt die Stöcke symmetrisch und asymmetrisch und trainiert anhand dieser Schlagmuster seine beiden Gehirnhälften. Ziel ist es, die Hände irgendwann unabhängig voneinander zu führen, die räumliche Wahrnehmung zu verbessern und das periphere Sehfeld zu erweitern. Geschenkter Nebeneffekt des Gehirntrainings mit zwei Stöcken: Der Kämpfer verbessert seine Gefühlswahrnehmung, seine Konzentrationsfähigkeit und erhöht seine Reaktionsgeschwindigkeit.

Lernen von Dick und Doof

Wer in den siebziger Jahren Fan der Komiker Stan Laurel und Oliver Hardy war, besser bekannt als Dick und Doof, kennt die berühmte Übung: Schlagen Sie sich mit beiden Händen auf die Oberschenkel, kreuzen Sie dann die Hände und führen Sie jeweils Daumen und Zeigefinger überkreuzt an Ohr und Nase. Erst rechts, dann links, dann immer schneller. Eine weitere beliebte Variante ist auch: Die rechte Hand klopft auf den Kopf, die linke reibt gleichzeitig den Bauch, dann schneller Wechsel der Hände. Oder versuchen Sie mal, sich mit der linken Hand die Zähne zu putzen (als Linkshänder entsprechend mit der rechten Hand). Diese Gleichseitigkeit hat viel mit Reiten zu tun, weil es auch dabei um den ständigen Kampf gegen die Händigkeit und angeborene Schiefe von Mensch und Pferd geht.

Einer geht noch

Im Hochleistungs-Pferdesport ist die Beantwortung der Frage: »Geht noch mehr?« viel Geld wert. Der Springreiter im Profisport fragt sich, wie er die Sprunggewalt seines Pferdes verbessern kann, der Grand-Prix-Dressurreiter hätte gerne etwas mehr Brillanz und Hankenbeugung, der Rennpferdebesitzer hätte gerne hundertstel Sekunden schnellere Runden. Soweit die Wünsche, soweit die Verlockungen von Doping, was daher zu Recht verboten ist.
In der Praxis wird aber mehr Geld in Forschung und Versuche investiert, um Schafen zu dichterer Wolle zu verhelfen oder Schweinen zu zarterem Schinken. Im Reitsport wird der Frage relativ wenig Beachtung geschenkt. Ich glaube, dass man mit der Dual-Aktivierung diese Brillanz, diese bessere Leistung und die höhere Geschwindigkeit erreichen kann. Es gibt Beispiele, bei denen Grundzüge der Rechts-Links-Koordination bereits seit langem angewandt werden, ohne dass man sie als »esoterischen Quatsch« abtut. Dual-Aktivierung hat also nichts mit Esoterik zu tun, sondern ist eine im Sport seit langem erfolgreiche Trainings-Technik. Gehirnreserven werden optimal genutzt und der Körper wird in seiner Koordination damit unterstützt, ob Mensch oder Pferd. Warum also Leistungsreserven verschenken – oder sie illegal per Doping anzapfen – wenn man sie mit gezieltem Training schnell erhöhen kann?

EMDR – Lösung für Traumatisierte

Bei meiner Arbeit mit der Dual-Aktivierung wunderte mich immer wieder, dass zahlreiche unerwünschte Verhaltensweisen von Pferden verschwanden, etwa das Hampeln beim Schmied oder die Panik beim Tierarzt. So suchte ich nach den neuronalen Gründen. Leider ist das bisher nur so ausführlich beim Menschen erforscht: Es geht um Eye Movement Desensitization and Reprocessing (EMDR) und Psychotraumatologie. Dabei werden durch Rechts-Links-Reize der Augen Traumata oder Phobien gelöst und gelöscht. Behalten Sie beim Lesen einfach Ihr eigenes Pferd vor Ihrem geistigen Auge und überlegen Sie, wie viele Parallelen Sie ziehen können.

Die Ärztin Katharina Neumann, eine EMDR-Spezialistin, erklärt die Methode so:

EMDR ist keineswegs eine junge Wissenschaft, wie viele vermuten. Bereits im 18. und 19. Jahrhundert findet man Textstellen, die belegen, dass schon damals Unfallereignisse mit nachfolgenden Störungen bei körperlich Unversehrten in Verbindung gebracht wurden (z.B. bei einem Eisenbahnunglück im 19. Jahrhundert). Auch Sigmund Freud brachte in seinen Studien Lebensereignisse, die mit Gewalt verbunden waren in Verbindung mit dem Krankheitsbild der Hysterie.

Im ersten Weltkrieg gab es die »Kriegszitterer«, die als Simulanten oder Feiglinge behandelt wurden. Ihre Zahl war allerdings gegenüber früheren Kriegen erheblich höher. Der Krieg hatte sich gewandelt und war zum reinen Stellungskrieg geworden: Die Soldaten mussten stunden- und tagelang in Todesangst regungslos in den Schützengräben ausharren. Sie waren jede Sekunde dem Tod ausgeliefert, ohne etwas machen zu können – weder Angriff noch Flucht waren möglich.

Gleiches geschah im zweiten Weltkrieg. Noch heute leben Menschen, die nachts Panik bekommen, wenn das Licht ausgeht. Befragt man sie, berichten sie häufig, dass sie in den Bombentrümmern verschüttet waren. Kurz nach dem Krieg war das Interesse an der Verarbeitung von dem Erlebten in Europa jedoch nicht groß. Erst der Vietnamkrieg brachte eine Veränderung: Tausende gesunder junger Männer waren in diesen Krieg gezogen und kamen als gebrochene Menschen zurück. Neben zahlreichen äußerlichen Verletzungen kamen seelische Störungen dazu.

Die Meinung, posttraumatische Störungen würden nur Menschen erleiden, die schwach, krank und wenig leistungsfähig sind, konnte nicht mehr aufrechterhalten werden. Es folgte die erste systematische Forschung. Dabei zeigte sich in der Psychotraumatologie die Tendenz, die verschiedenen Schulen der Medizin und Psychologie miteinander zu verbinden. Dabei wurden die Funktionsweise des Gehirns sowie der Einfluss von psychologischen Faktoren darauf entdeckt. Als Dr. Francine Sharpiro 1987 zufällig herausfand, dass rasches hin- und herbewegen der Augen zu einer Veränderung der belastenden Gedanken führte, konnten Wissenschaftler eine wirkungsvolle Therapie für posttraumatische Störungen entwickeln.

Dabei gilt die Diagonalbewegung der Augen als effektives Werkzeug zur Bearbeitung psychischer Traumata.

So tickt das Hirn

Bei Menschen ist die Hirnforschung weiter als bei Pferden. Trotzdem lassen sich Parallelen ziehen. Beschäftigt man sich mit Lernen und Verstehen bei Pferden, kommt man um gewisse Grundkenntnisse aus der Hirnforschung nicht herum.

Beim Menschen haben rechte und linke Gehirnhälfte funktionelle Unterschiede. Es werden jeweils spezifische psychische und physische Funktionen gesteuert, für die immer nur eine Hälfte zuständig ist. Allerdings ist das Hirn so plastisch, dass beim Ausfall von Regionen andere Regionen deren Aufgaben übernehmen können.

Sprachlicher Ausdruck und Sprachverstehen werden von der linken Hirnhälfte kontrolliert, die nichtsprachliche Wahrnehmung (Bilder, Erinnerungen, Gesichter wiedererkennen) von der rechten Hirnhälfte.

Eine interessante Entdeckung machte der Neuropsychologe R. W. Sperry in den sechziger Jahren. Er forschte an der funktionellen Asymmetrie des menschlichen Hirns. Grundlage war seine Vermutung, dass die Kommunikation der beiden menschlichen Gehirnhälften über ein Bündel von Nervenfasern abläuft, dem so genannten Corpus callosum oder Nervenbalken. Bei Patienten, die an Epilepsi erkrankt waren, konnte eine Durchtrennung des Nervenbalkens zur Heilung oder zur Kontrolle über ihre epileptischen Anfälle beitragen. Das Problem war aber, dass nach der Durchtrennung die beiden Gehirnhälften völlig unabhängig voneinander arbeiteten, ähnlich wie bei Pferden. Diese Split-Brain-Patienten (gespaltene Hirn Patienten) hatten in jeder Hirnhälfte ihre eigenen bewussten Denkprozesse und Erinnerungen. In Versuchen erkannte Sperry: Wurde einem Split-Brain-Patienten über sein linkes Auge ein Bild in seine rechte Hirnhälfte übermittelt, war die Versuchsperson nicht in der Lage, das Wort auszusprechen. Wurde der rechten Hirnhälfte beispielsweise ein Bild von einem Apfel gezeigt, wusste der Patient zwar, was es war, konnte es aber immer noch nicht benennen.

Er konnte es jedoch problemlos identifizieren, wenn er mit seiner linken Hand aus verschiedenen Gegenständen unter anderem einen Apfel aussuchen durfte. Mittlerweile ist die Hirnforschung so weit, dass sie sogar schwer traumatisierten Personen helfen kann. Auch hierbei spielen Rechts-Links-Reize eine entscheidende Rolle.

Großrinde (Cortex)
Oberste Instanz, die Informationen empfängt, verknüpft bewertet, versendet. Hier laufen Umweltreize aus den Sinnesorganen ein, werden an andere Hirnteile delegiert oder beantwortet, indem das Großhirn Nervensignale an bestimmte Muskeln schickt. Um möglichst viel Speicherplatz unterzubringen, ist die Oberfläche des Cortex durch Furchen und Windungen vergrößert. Das Großhirn teilt sich in zwei Hälften (Hemisphären). Die linke Hemisphäre versorgt die rechte Körperhälfte und umgekehrt. Beide besitzen jeweils vier Lappen, in die Nervenbahnen aus bestimmten Körperregionen ziehen: Stirnlappen (Gedächtnis), Schläfenlappen (Hören), Scheitellappen (verarbeitet Berührungs-reize), Hinterhauptlappen (Sehen).
Die Schnittstelle von Großhirn, Kleinhirn und Rückenmark trifft der Bolzenschuss, mit dem Pferde beim Schlachter getötet werden: Er schaltet das Bewusstsein und das Schmerzempfinden aus, führt zur Gehirnerschütterung und -zerstörung.

Balken (Corpus callosum)
Über dieses Nervenband tauschen die Großhirnhälften Informationen.

Riechkolben (Bulbus olfactorius)
Der Rezeptor für Riechen empfängt Reize aus Nüstern, Maul und dem Jakobsonschen Organ, mit dem Pferde flehmen.

Hirnanhangsdrüse (Hypophyse)
Hormondrüse mit wichtiger Funktion für die Fortpflanzung: Adressat ihrer chemischen Botenstoffe sind vor allem Sexualdrüsen (Eierstöcke, Hoden).

Geheimnis Hirn

Geschützt durch die Knautschzone der Schädelknochen, gepolstert von Hirnhäuten und umspült von Hirnliquor liegt die Befehlszentrale des Pferdes – ein rund 500 Gramm schweres Rechen-Netz aus Milliarden von Nerven.

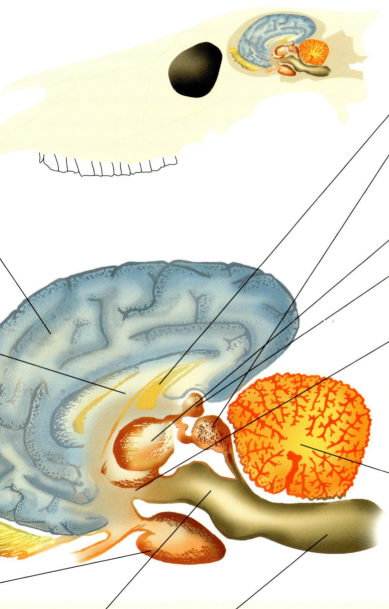

Limbisches System
Ringförmiger Schaltkreis, der pferdetypisches Verhalten steuert, Sinneseindrücke emotional bewertet, Motivationen kontrolliert, Bildung und Abruf von Gedächtnisinhalten steuert und Lernen beeinflusst. Verschiedene Hirnareale zählen dazu:

Mandelkern (Nucleus amygdala)
Sitz der Emotionen, steuert Aufmerksamkeit und Aggressivität.

Zwischenhirn (Thalamus)
Durchgangs- und Umschaltstelle, die alle wichtigen sensorischen (von Sinnesorganen zum Hirn führenden) und motorischen (vom Hirn zum Muskel führenden) Nervenreize umstöpselt.

Hippocampus
Nervenband, das bei Bindung und Abruf von Gedächtnis mitwirkt.

Zirbeldrüse (Epiphyse)
Hormondrüse; reagiert auf Lichteinfluss und schüttet Melatonin aus – ein Hormon, das die innere Jahreszeit-Uhr und den Tag-Nacht-Rhythmus steuert.

Zwischenhirnboden (Hypothalamus)
Als Programm-Direktion des vegetativen Nervensystems und des Hormonsystems bestimmt der Hypothalamus alle unbewusst ablaufenden Vorgänge im Körper – Wachstum, Fellwechsel, innere Uhr, Sexualverhalten, Hunger, Durst, Verdauung, Stoffwechsel.

Kleinhirn (Cerebellum)
Im Koordinationszentrum für Bewegungen laufen Reize aus Innenohr (Gleichgewichtsorgan) und Sinnesorganen der Muskeln (Muskelspindeln) zusammen, außerdem bekommt das Kleinhirn auf dem Umweg über das Großhirn Informationen aus allen anderen Sinnesorganen (Auge, Ohr, Haut). Störungen im Kleinhirn führen zu Verebellaren Ataxie: Die Pferde stürzen häufig, kommen schwer hoch, machen zu große Schritte und können nicht sicher stehen.

Mittelhirn (Pons)
Bindeglied zwischen Hypothalamus und Stammhirn.

Stammhirn (Medulla oblongata)
Stammesgeschichtlich alte Hirnregion, die selbstständig oder zusammen mit dem Hypothalamus Atmung, Wachen und Schlafen, Herzschlag, Körpertemperatur, Blutdruck, Lecken und Schlucken reguliert.

Lösung durch Rechts-Links-Reize

Vereinfacht ausgedrückt: Wenn wir etwas erleben, erreichen Sinneseindrücke über die Sinnesorgane verschiedene Zentren im Gehirn. Eindrücke über das Auge (Sehzentrum), Meldungen der Nase (Riechzentrum) sowie Empfindungen auf der Haut wie Kälte und Schmerz werden verbunden. Sie rufen auch Gefühle hervor, etwa Angst. Sie ist wichtig, um bei Gefahr zu reagieren und das Leben zu schützen. Angst schüttet Hormone aus, die das Herz schneller schlagen lassen, der Blutdruck steigt, man wird schmerzunempfindlicher. Alle Reaktionen dienen der Flucht oder dem Angriff. Heute hat man oft nicht mehr die Möglichkeiten, sich zu verteidigen: Die Reaktionen laufen ins Leere. Dennoch bestehen sie weiter.

Zurück zu den Zentren unseres Gehirns: Sie sind voneinander getrennt. Wie also kommen diese unterschiedlichen Sinneseindrücke zusammen? Wie wird aus diesen Bruchstücken eine Geschichte? Ein wichtiger Schritt scheint die Weiterleitung an die Amygdala (Mandelkern, ein Bereich im Gehirn) zu sein. Die Amygdala hat nach den Forschungen der letzten Jahre die Funktion eines Zwischenspeichers. Die verschiedenen Sinneseindrücke und Gefühle liegen dort unreflektiert und nicht miteinander verbunden vor. Informationen aus der Amygdala sind leicht und schnell abrufbar. Das reduziert die Reaktionszeit bei Gefahr erheblich. Außerdem entlastet dieser Automatismus den Körper von Empfindungen, die in diesem Moment stören – beispielsweise lähmende Angst.

Vielleicht hatten Sie schon einmal eine gefährliche Situation beim Autofahren, einen Fast-Unfall. Wenn Sie sich erinnern, stellen Sie fest, dass Sie Ihre Angst erst fühlten und Ihre Knie erst weich wurden, nachdem Sie die Gefahr überwunden hatten. Stellen sie sich das Überwinden der Gefahr vor, wenn Sie Ihre ganze Angst gespürt und die Knie von Beginn an gezittert hätten. Die Wahrscheinlichkeit eines

■ **Sinnesorgan Auge: Die meisten Pferde gucken bevorzugt mit dem linken.**

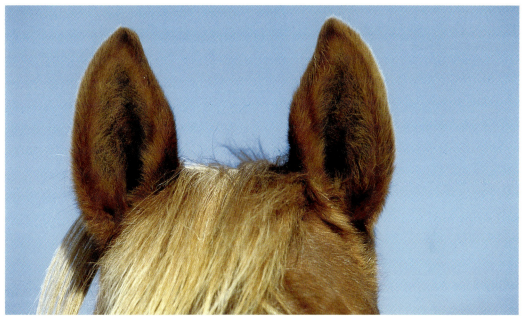

■ **Sinnesorgan Ohr:** Es zeigt dem Reiter am klarsten, worauf das Pferd gerade achtet.

schweren Unfalls wäre viel höher. Vielleicht wären Sie dabei verletzt worden.

In so einem Moment spüren Sie die Gefühle zwar nicht, doch sie sind da. Wenn die Gefahr vorbei ist, werden diese Informationen, die bis dahin unverbunden im Mandelkern gespeichert wurden, an die linke Großhirnhälfte weitergeleitet. In der linken Großhirnhälfte bilden wir logische Verknüpfungen, übersetzen Eindrücke und Gefühle in Sprache. Erst hier werden diese Eindrücke verbunden, interpretiert und ausgewertet. Erst hier entstehen die Worte für das, was gerade passiert ist.

Wenn diese erzählbare Geschichte nun endlich entstanden ist, kann sie weitergeleitet werden an den Hippocampus, den ersten richtigen Gedächtnisspeicher, landläufig »das Gedächtnis« genannt.

So funktioniert die normale Informationsverarbeitung und Speicherung. Aber wie kommt es zu Problemen nach traumatischen Ereignissen? Wenn ein Ereignis starke Gefühle von Angst,

■ **Sinnesorgan Nase:** Gerüche spielen vor allem im Nahbereich eine Rolle.

■ Die Fahne irritiert viele Pferde, wenn sie vor dem schwachen rechten Auge auftaucht.

Wut und Trauer auslöst, wenn es sich um ein sehr schlimmes Ereignis handelt, oder die Situation durch äußere und innere Umstände ausweglos erscheint (Soldat im Schützengraben), funktioniert dieser Ablauf nicht mehr. Die Bruchstücke bleiben im Mandelkern stecken und werden nicht an die linke Großhirnhälfte zur Verarbeitung weitergeleitet. Es entsteht ein Gefühl, als schwebte der Betroffene immer noch in Gefahr; als müsse er immer noch vorbereitet sein, die Gefahr abzuwenden.

Bei einmaligen Ereignissen wie Autounfällen reichen oft die normalen Verarbeitungsmechanismen. Eine Zeit lang kommt es vielleicht zu vermehrten Albträumen, oder zu Angst, an der Unfallstelle vorbeizufahren. Wenn weiter nichts Böses passiert, geht die Verarbeitung langsam weiter und die Angst-Symptome verschwinden. In vielen Fällen aber bleibt die Angst, obwohl die eigentliche Gefahr längst vorbei ist. Der Betroffene bleibt in Alarm-Stimmung: Sein Gehör reagiert auf die leisesten Geräusche und er hat Schwierigkeiten, Harmloses von Gefährlichem zu unterscheiden. Viele Betroffene kontrollieren ihre Umgebung häufiger, manche haben Albträume und Schlafstörungen. Andere erleben vor ihrem inneren Auge immer wieder das schlimme Erlebnis. Es kommt ihnen vor, als ob es immer wieder geschieht, obwohl sie genau wissen, dass es Vergangenheit ist.

Untersuchungen von Betroffenen zeigten, dass bei ihnen das Sprachzentrum eine auffällig geringe Aktivität zeigt. Wenn diese Patienten über das Erlebte sprechen wollen, gelingt es ihnen nicht. Schließlich wurden die Informationen über das Trauma nicht an das Sprachzentrum weitergeleitet. Alle Sinneseindrücke bleiben in den Mandelkernen stecken, wo sie wieder und wieder abgerufen werden – eine Endlosschleife ohne Ausweg.

Der Urknall

■ Erst rennen, dann denken ist die typische Reaktion ungeschulter Pferde.

Es scheint so, als ob das Gehirn ab einem gewissen Grad intensiver Gefühle von Angst, Wut, Scham, Trauer oder Schmerz seine übliche Verarbeitungsprozedur nicht mehr leisten kann. Die Betroffenen reagieren unterschiedlich. Manche meiden alles, was an das Trauma erinnert. Sie trauen sich nach einem Autounfall nicht mehr ins Auto, weil sie dabei immer wieder Angstattacken bekommen. Andere ziehen sich vollkommen zurück und leiden an Depressionen.

Manchmal treten schwere Symptome auch erst Jahre später auf, wenn neue belastende Ereignisse an das alte Trauma erinnern. Wenn aber Informationen über das Trauma gar nicht im Sprachzentrum verfügbar sind, kann das berühmte »Lassen Sie uns darüber sprechen« in einer Therapie kaum Erfolg haben.

Teilweise kann es sogar zu einer Verschlechterung führen, weil Betroffene ihre unverarbeiteten Erinnerungen immer wieder durchleben müssen. Man benötigt also Wege, um bei der Verarbeitung entweder andere Ressourcen zu nutzen und somit das Sprachzentrum zu umgehen – oder es zu aktivieren. Dies geschieht bei der EMDR-Technik. Dafür gibt es ein standardisiertes Vorgehen. Grundlage sind verschiedene Übungen, die durch Rechts-Links-Reize abwechselnd die rechte und linke Hirnhälfte stimulieren. So müssen die Augen des Patienten der Hand des Therapeuten folgen; er muss ein Geräusch abwechselnd Rechts-Links (Fingerschnippen) hören oder ihm wird abwechselnd auf beide Hände getippt. Inzwischen gibt es schon Geräte mit einem wandernden Lichtpunkt.

Die guten Ergebnisse in der Praxis deuten darauf hin, dass EMDR über die abwechselnde Stimulation der Hirnhälften funktioniert, weil sie die Gefühle in der rechten Hirnhälfte wieder

mit den logischen Zusammenhängen und der Sprache in der linken Hirnhälfte verbindet und so die traumatische Blockade zwischen den Hirnhälften löst. Hirnstrommessungen zeigten, dass die Hirn-Aktivität vor EMDR sehr gering war, hinterher aber deutlich anstieg.
Pferde-Verhaltensstörungen wie Buckeln und Durchgehen liegen oft an mangelnder Koordination des Pferdes. Die wiederum liegt an dem berühmten Knoten im Hirn, der bei vielen Pferden einfach nicht zu platzen scheint. Wir haben Erfolge in der Korrektur, da Koordination und Balance durch die Dual-Aktivierung enorm verbessert werden. Sie überträgt, salopp gesagt, eine beim Menschen funktionierende Reiztherapie ans Pferd.

Die Skala der Ausbildung

Grundlage für die Beurteilung ist die so genannte »Skala der Ausbildung«. Sie umfasst sechs Kriterien des guten Gangs, die untrennbar miteinander verbunden sind: Losgelassenheit, Takt, Anlehnung, Schwung, Geraderichten und Versammlung. Ein Mangel in einem Bereich deutet stets auf Mängel in anderen Bereichen hin: ein Pferd ohne Balance kann nicht taktklar gehen; ein Mangel an Takt schließt Schwung aus; ohne Balance kein Geraderichten und ohne Geraderichten keine Balance. Die Dual-Aktivierung setzt gleichzeitig an allen Punkten an und verbessert beim Pferd genau die Probleme, die bislang nur mit aufwendigen Übungen – die einen guten Reiter voraussetzen – behoben werden konnten.
Beobachten Sie ein Pferd auf der Weide, können Sie sich bestimmt ein Urteil darüber bilden, ob das Pferd gerade »schön« geht oder irgendwie »eiert«. Läuft ein Pferd frei, sehen Sie noch einmal einen Unterschied zu den Bewegungen, wenn es geritten wird. Unter dem Gewicht des Reiters sind die Bewegungen des Pferdes nämlich eingeschränkt. Zur vollen Leistungsfähigkeit und zum richtigen Reiten muss das Pferd frei, gelöst und unverkrampft gehen, will man es sein Pferdeleben lang einsetzen.

Takt
Der Takt ist das Gleichmaß der Bewegung in allen Gangarten, also Schritt, Trab, Tölt oder

Walk und Galopp. In allen Gangarten kann der Takt verloren gehen, wenn sich ein Pferd durch zu starken Zügelzug im Rücken festhält, oder wenn es über seine natürlichen Möglichkeiten des Ausschreitens hinaus geritten wird. Als mögliches Problem kann sich ein passähnlicher Gang einstellen.
Im Trab werden die Tritte extrem unrein, das Pferd eiert wie eine flüchtende Ente.
Im Galopp kommt es bei Taktproblemen zum »Hasengalopp«; oft verursacht durch mangelnde Balance und zu starken Zügelzug. Profis erkennen den »Hasengalopp«, wenn das Pferd in der diagonalen Phase nacheinander erst hinten, dann vorn auffußt und im Viertakt

galoppiert. Das sieht man öfters bei Springreitern, die ihr Pferd vor einem Hindernis zu sehr zurücknehmen, um noch den Absprung zu schaffen. Durch Vorlassen des Halses und treibende Hilfen kommt das Pferd wieder in den Dreitakt, die Hinterhand wird wieder vermehrt untertreten.

Der Galopp ist eine gesprungene Gangart. Ob es Rechts- oder Linksgalopp ist, bestimmt das führende Bein der vorderen Beinpaare, welches am weitesten vorgestreckt wird. Bei dieser schnellsten Gangart des Pferdes sind Raumlängen von über acht Metern möglich. Der Reiter soll das Pferd im Takt durch treibende Hilfen unterstützen. Damit das Pferd nicht wegeilt, muss eine leichte Verbindung zum Pferdemaul bestehen. Deshalb dürfen Sie Ihr Pferd bei der Dual-Aktivierung in den Gassen nicht durch Zügel, Hilfszügel oder Longeneinwirkung stören. Ein Vorlassen des Halses erreichen Sie nur, wenn sich das Pferd frei bewegen kann. Ihr Pferd kann nur so seine Balance und damit seinen Takt finden.

Losgelassenheit

Ein losgelassenes Pferd erkennt man am schwingenden Rücken, einem natürlich getragenen Schweif und einem vorwärts-abwärts gedehnten Hals. Als Erfolg erhält man einen raumgreifenden Schritt. Longieren und Cavaletti-Arbeit fördern die Losgelassenheit. Danach arbeitet man üblicherweise mit lösenden Übungen wie Leichttraben. Später lässt man das Pferd häufig die Gangarten wechseln, vom Trab zum Galopp und umgekehrt. Auch durch Seitwärtsgänge wie z. B. Schenkelweichen wird ein Pferd gelöst. Bei der Dual-Aktivierung werden Cavaletti einfach durch die Dual-Gassen ersetzt. Vorteile sind die hohe Variationsmöglichkeit im Aufbau und der weiche Gassen-Kern, der vor Bein- und Hufverletzungen schützt. Im Wechsel vom Trab zum Galopp und umgekehrt erfährt das Pferd einen hohen Trai-

ningseffekt. Ich beobachte immer wieder, wie schnell Pferde, die frei longiert in perfekter Selbsthaltung durch die Dual-Gassen traben, den Rücken aufwölben, die Hinterhand untersetzen und dabei Kopf und Hals vorwärts-abwärts dehnen.

Schwung

Verlangt wird vom Pferd, dass es unter Beibehaltung des Taktes schwungvoll vorwärts geht. Erreichen kann das jeder Reiter, durch treiben mit Kreuz und Schenkeln. Dabei muss er das Pferd so begrenzen, dass es nicht wegeilt. Auf der Hinterhand liegt für den Schwung das

Augenmerk jedes Ausbilders, denn dort ruhen die verborgenen Kräfte. Man nennt sie die Schub- und Tragkraft, Letztere in Verbindung mit der Federkraft. Wenn die Hinterhand des Pferdes zum Untertreten aktiviert wird, fußen auch die Hufe energisch ab. Im Schwung entfaltet das Pferd seine volle Muskeltätigkeit bei taktmäßigen Bewegungen. Das kann es nur, wenn es balanciert geht. Weil vielen Pferden die Balance fehlt, sind sie unsicher: Sie werden schneller, verlieren den Takt und haben Angst, umzufallen.

Das erklärt, weshalb bei der Dual-Aktivierung innerhalb kürzester Zeit enorm viele Muskeln aufgebaut werden. Das Pferd findet seine Balance, arbeitet mit der Hinterhand; die Muskeln arbeiten nicht gegen-, sondern miteinander. Weil die Arbeit mit der Dual-Aktivierung Verkrampfungen löst, kann der Muskel wachsen. Verkrampfte Muskeln wachsen dagegen nicht, und wenn sie noch so stark trainiert werden. Als Grundsatz gilt: Eine zu starke Anlehnung blockiert den Schub aus der Hinterhand.

Anlehnung

Als Anlehnung bezeichnet man die Verbindung zwischen Reiterhand und Pferdemaul. Die Zügel können dabei länger oder kürzer sein, je nachdem, ob das Pferd den Hals eher vorwärts-abwärts dehnt oder ob es mit gewölbtem Hals über den Rücken geht. Eine unruhige oder harte, nicht nachgebende Hand bringt das Pferd sofort aus dem Takt. Es wird krampfig. Bei der richtigen Anlehnung dehnen sich Hals und Genickmuskeln so an das Gebiss heran, dass man von »am Zügel stehen« redet. Bis es jedoch soweit ist, muss der Reiter richtig sitzen können und zur richtigen Zeit mit den Schenkeln treiben. In den Dual-Gassen werden die Zügel lang gelassen und beim Verlassen der Gassen wieder aufgenommen, um eben dieses Verkrampfen zu verhindern. Vielen Reitern wird bei dieser Übung erst einmal bewusst, wie sehr

sie sich am Zügel festhalten. Messungen haben ergeben, dass der durchschnittliche Reiter mit 25 Kilogramm am Zügel zieht. Eine Masse, die nicht einmal beim Longieren mit Ausbindern gemessen werden konnte: Hier lag das Gewicht nur bei zwei bis fünf Kilogramm.

Geraderichten

Das Geraderichten ist jede Ausbildung, bei der auf die angeborene Schiefe des Pferdes eingewirkt wird. Sie hat nichts mit verkürzter oder verlängerter Muskulatur zu tun, sondern ist, wie aus der Händigkeitsforschung bei Mensch und Tier seit langem bekannt, im Gehirn angelegt. Diese Schiefe zeigt sich beim Pferd häufig

Der Urknall 33

Versammlung
Der letzte Punkt der Ausbildungsskala ist die Versammlung. Bei einem versammelten Pferd kann man eine stärkere Beugung der Hinterhand und der Hüft- und Kniegelenke (Hanken) beobachten. Das Pferd wirkt erhaben, kürzer, sein Hals richtet sich auf, die Hinterhand senkt sich. Im Wechsel aus beugen und strecken steigert sich die Tragkraft der Hinterhand enorm. Zu Beginn darf die Versammlung nur über kurze Zeit verlangt werden. Sie ist für Pferde enorm anstrengend und hat einen hohen gymnastizierenden Wert. Die Dual-Gassen fördern auch diesen Punkt der Ausbildung: Durch die Bodenhindernisse heben die Pferde die Beine und schweben geradezu durch die Gassen. Bei nahezu allen Pferden beobachte ich nach kurzer Trainingszeit eine vermehrte Hankenbiegung. Je nach Variation der Gassen erreicht man kadenzierte Tritte. Werden die sechs Punkte der Ausbildung bei einem Pferd nicht oder nur stückweise beachtet, wird es immer hinter seinen Leistungsmöglichkeiten zurückbleiben.

auf der rechten Hand im Galopp, bei der sich das Pferd nicht auf einem Hufschlag bewegt, sondern mit der Hinterhand rechts mehr nach innen kommt. Es läuft schräg, wobei das linke Hinterbein zwischen die Vorderbeine tritt. Der rechte Hinterfuß tritt nach innen neben den Abdruck des rechten Vorderbeins. Im Laufe eines Pferdelebens können auch noch andere Schiefen auftreten, die etwa durch geklemmte oder verrenkte Wirbel oder sonstige Verletzungen entstanden sind. Geübte Reiter spüren schnell, auf welcher Seite ihr Pferd fest ist. Zum Unterstützen des Geraderichtens eignet sich die Arbeit in den parallel gelegten Dual-Gassen hervorragend. Das Pferd hat durch die Gassen eine feste Begrenzung nach rechts und links und muss gleichzeitig die optischen Reize blaugelb auf beiden Seiten im Gehirn verarbeiten. Dadurch wird es in kurzer Zeit gerade.

■ Dual-Gassen helfen dem Pferd, die Punkte der Ausbildungsskala schneller zu verstehen. Der Reiter kann dabei klarere Hilfen geben.

Was kann die Dual-Aktivierung?

Die Pferde finden ihre Balance und treten vermehrt unter den Schwerpunkt, was wiederum die Lastaufnahme erleichtert. Egal ob unregelmäßig eingesetztes Reitpferd oder Dressur-Kracher, die Leistungsbereitschaft wird erhöht und schwere Lektionen werden leichter vom Pferd gelernt. Dabei wird die Rangfolge, auf die ich sehr viel Wert lege, nicht außer Acht gelassen: Bereits bei der ersten Kontaktaufnahme setzt der Dual-Trainer Maßstäbe. Kommt das Pferd zu ihm oder umgekehrt? Natürlich muss das Pferd zum Trainer kommen! Hier beginnt bereits die Aktivierung. Kommt das Pferd zu mir, schenkt es mir etwas sehr Kostbares: seine Aufmerksamkeit und Konzentration. Genau das verlangt es auch von mir, nämlich aufmerksam und konzentriert zu sein. Wichtig ist, dass ich meine eigene Position klarstelle, also nicht nur die äußere, sondern auch die innere. Ich konzentriere mich auf die kommende Aufgabe. Dadurch und durch meine Körperhaltung weiß mein Pferd, dass es mir gerade jetzt wichtig ist. Wer das nicht glaubt, soll den Selbstversuch machen, und beim Longieren mit einem Handy telefonieren. Das Pferd merkt sofort, dass es nicht mehr im Mittelpunkt steht und wird stehen bleiben oder trödeln.

Die Arbeit mit dem Pferd

Bei der Dual-Aktivierung wird am Boden gearbeitet, longiert und geritten. Bodenarbeit ist in diesem Fall Führen mit und ohne Fahne. Longiert wird mit und ohne Dual-Gassen, geritten wird durch die Dual-Gassen und durch verschiedene Figuren, die mit Pylonen markiert sind.

Mit Hilfe der Fahne beim Führen wird durch sanfte Bewegungen – bei büffeligen Pferden auch energischeres Schwenken – die rechte und linke Seite (Gehirnhälfte) des Pferdes angesprochen. Die Arbeit mit den Dual-Gassen ist das variabelste Trainingsgerät der Dual-Aktivierung. Die PVC-Schläuche lassen sich in den unterschiedlichsten Anordnungen zusammenlegen und auch in der Breite zueinander variieren. So kann ein leichter, mittelschwerer oder sehr anspruchsvoller Parcours zusammengestellt werden. Sämtliche Formationen eignen sich später zum Durchreiten in beiden Richtungen und in allen Gangarten. Wichtig im Training sind Tempounterschiede innerhalb der Gangarten. Dabei müssen Sie unbedingt darauf achten, dass die Pferde in den Gassen selbstständig arbeiten, also Sie die Tiere nicht durch Ziehen oder Treiben aus dem Takt bringen.

Die wichtigsten Voraussetzungen für die Dual-Aktivierung

● Die Vorbereitung muss passen. Dazu gehört auch die innere Einstellung zur Arbeit.

■ Konzentration ist bei Pferd und Reiter Pflicht. Während der kurzen Arbeit muss sich das Pferd auf den Menschen konzentrieren und soll nicht in der Gegend herumgucken.

■ Das Pferd wird selbstständig: In den Dual-Gassen soll es am losen Strick arbeiten.

- Die Bereitschaft zu einem etwas aufwendigerem Training: Nicht jeder hat einen eigenen Reitplatz, somit müssen die Dual-Gassen immer wieder auf- und abgebaut werden.
- Die Bereitschaft, 20 Minuten am Tag sehr konzentriert zu arbeiten.
- Die Bereitschaft, sich auf Neues einzulassen. Bei der Dual-Aktivierung sind Ausbinder und andere Hilfszügel überflüssig, oft sogar kontraproduktiv.
- Die Bereitschaft, sein Pferd notfalls energisch aufzuwecken, da es aufpassen und zuhören muss.
- Die Bereitschaft, anforderungsorientiert zu arbeiten und seinem Pferd zuzuhören, das Training seinem Leistungsstand anzupassen und keine Wunder zu erwarten.
- Die Bereitschaft, an großen Problemen mit der Salami-Taktik zu arbeiten: Geben Sie sich scheibchenweise mit kleineren Schritten zufrieden. Bedenken Sie: Dual-Aktivierung richtig angewandt strengt ein Pferd körperlich und geistig sehr an.
- Sie müssen Ihre innere Stärke auch in Problemsituationen bewahren.
- Sie dürfen bei Schwierigkeiten keine Wutausbrüche bekommen. Pferde fügen sich bei einem Chef, der ihnen souverän entgegentritt.

Der Urknall

Das haben Sie davon
- Abwechslung und Kreativität beim Training.
- Ein körperlich und geistig durchtrainiertes Pferd.
- Ein Pferd, das balanciert und taktklar geht, gerade gerichtet ist und sich selbst trägt.

Einwirkung auf den Pferdekörper

Ähnlich wie beim Fußball-Training, wenn beim Laufen jeder Fuß in einen Reifen gesetzt wird, trainiert die Dual-Aktivierung nahezu jede Faser des Pferdekörpers. Nach dem Training werden Sie feststellen, wie sogar gut trainierte Pferde nach kurzer Arbeit dampfen, aber nicht nass geschwitzt sind. Einfach erklärt hat es folgende Wirkung: Pferde, die sich während des Trainings aufregen oder falsch mitarbeiten, sind nur an Hals, Brust und Flanke nass. Das Dampfen am Körper zeigt an, dass Ihr Pferd konzentriert gearbeitet hat. Tiefste, sonst nicht benötigte Muskelfasern werden durch das Training angesprochen und zur Neubildung von Muskelfasern angeregt.

Besonders positiv wirkt sich das im Bereich der Pferdelunge aus. Hier wird durch Stärkung der tragenden Untermuskulatur des Vorderbrustbereiches und des Bauches die Lunge gestützt und angehoben. So kann sie ihr volles Volumen entfalten und ausnutzen. Das ist besonders wichtig bei allen Pferden im Leistungssport.

■ Rechts-Links-Übungen sorgen auch beim Fußball-Training für bessere Koordination.

Grundlagen der Dual-Aktivierung

Voraussetzungen fürs Training

Um dauerhafte Erfolge mit der Dual-Aktivierung zu erzielen, muss sie auch dauerhaft angewendet werden. Binden Sie das Training mit den Dual-Gassen mindestens zwei- bis dreimal pro Woche in Ihre Arbeit mit Pferden ein. Wer mit der Dual-Aktivierung arbeitet, kommt um einen gewissen Aufwand nicht herum: Die Gassen müssen immer zurecht gelegt und während des Trainings verändert werden. Deponieren Sie die Gassen am besten direkt am Reitplatz, dann müssen sie nicht erst lange herangeschleppt werden. Es arbeitet sich leichter, wenn Sie von einem Helfer unterstützt werden. Vielleicht schließen sich in Ihrem Stall sogar mehrere Interessierte zusammen und bilden eine Dual-Trainings-Gruppe.

Die drei Effekte der Dual-Aktivierung

1. Die Konzentrationsfähigkeit des Menschen wird erhöht. Durch die intensive Arbeit rechts und links lernt der Mensch, sich besser zu konzentrieren. Die Dual-Aktivierung ähnelt Kampfsportarten, bei denen nie der Kampf im Vordergrund steht, sondern die verbesserte Koordination Es geht um Meditation und die Fähigkeiten, sich auf sich selbst (durch Körperbewusstsein und Eigenwahrnehmung) und auf den Gegner zu konzentrieren.
2. Die Konzentrationsfähigkeit des Pferdes wird erhöht. Sie steigert sich mit seiner Leistungsfähigkeit. Nur wenn der Mensch seine Gedanken beisammenhält, wird sich auch sein Pferd konzentrieren. Durch die Konzentration spürt das Pferd, dass es Ihnen mit dem Training ernst ist. Diese Stimmung überträgt sich aufs Tier: Es ist konzentrierter und arbeitet fleißig mit.
3. Es wird mit blaugelben Farbreizen gearbeitet. Zu den Übungen gehören: Dual-Gassen, die Acht, die Quadratvolte, das Dreieck und andere Figuren sowie Pylonen.

Grundlagen der Dual-Aktivierung

Die Ausrüstung

Die Dual-Gassen
Arbeiten Sie nur mit den weichen PVC-Schläuchen, die Sie über den Versandhandel bekommen. Gefüllt werden die Gassen am besten mit Schaumstoff oder anderen weichen Materialien. Von Holzstangen rate ich wegen der großen Verletzungsgefahr ab, da das Training in allen Gangarten stattfindet. Zum Schutz der Pferdebeine muss daher das Bodenhindernis nachgeben.

■ Die Pylonen-Gasse können Sie beliebig in Breite und Hütchen-Anordnung variieren.

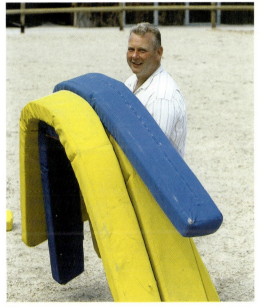

■ Dual-Gassen sind so leicht, dass sie sich problemlos transportieren lassen.

Dual-Gassen leicht verstaut
Die flexiblen Stangen lassen sich leicht in Stauboxen für Gartenmöbel verstauen, die es im Baumarkt gibt. Sie sind aus Plastik, wetterfest und kosten nur wenig. Begabte Handwerker können eine Holzbox mit Teerpappe als Dach zimmern, in der die Dual-Gassen bei Regen verschwinden.

Die Pylonen
Für bestimmte Übungen benötigen Sie die Dual-Pylonen. Das sind ebenfalls aus weichem PVC hergestellte Pylonen in den Farben Blau und Gelb, die bei den Figuren »Acht« und »Doppel-S« verwendet werden. Auch diese Trainingsutensilien können Sie über den Versand beziehen. Die Figuren mit den Pylonen zeigen Ihnen während des Reitens genau an, ob Sie zu früh oder zu spät in die Wendung geritten sind. Gleichzeitig können Sie jederzeit überprüfen, wie geschmeidig das Pferd auf der rechten und linken Hand ist.

Ausrüstung für den Trainer

Handschuhe
Handschuhe sind ein Muss. Sie schützen Ihre Hände, erleichtern das Nachgeben beim Longieren und verhindern, dass die Longe durch Ihre Hände gleitet.

Feste Schuhe
Da die Bodenarbeit ein Teil des Dual-Trainings ist, sind feste Schuhe wichtig. Sie verbessern Ihre Standfestigkeit und schützen Ihre Zehen, falls doch einmal ein Pferdehuf auf Ihrem Fuß landen sollte.

■ Ein Muss für die Ausbildung sind feste Schuhe, Arbeitsstrick und -halfter sowie Handschuhe. Alles schützt Ihre Gesundheit und erleichtert dem Pferd das Lernen.

Ausrüstung fürs Pferd

Führstrick

Für die Bodenarbeit benutze ich einen mindestens 4,5 Meter langen Führstrick. Er hat den Vorteil, dass Sie ihn später auch für das Longieren verwenden können. Lassen Sie sich nicht irritieren, wenn man Sie kritisieren sollte, dass das Longieren an einem so kurzen Strick den Vorderbeinen und den Sehnen schadet. Das kann es – aber nur, wenn Sie ein panisches Pferd hektisch und kurz herumreißen oder unausbalancierte Pferde stundenlang an der Longe über ihrem Tempo auf der Vorhand kreisen lassen, wie man es leider immer wieder sieht.
Genau das ist aber nicht das Ziel der Dual-Aktivierung: Die Pferde gehen hier in kontrolliertem Tempo, finden Ihre Balance und setzen durch die optischen und mechanischen Reize der Gassen die Hinterhand verstärkt ein. Dadurch bewegen sie sich so, dass es ihren Beinen nicht schadet. Ich habe noch nie ein Pferd erlebt, das durch die Dual-Aktivierung klamm ging. Aber ich habe hunderte von Pferden erlebt, deren leichte Lahmheiten – sei es durch Verspannungen, sei es durch extreme Taktunreinheiten oder Zügellahmheit – durch die Arbeit mit der Dual-Aktivierung verschwanden.

Halfter

Ich verwende ein Druckhalfter aus Nylon mit einem weichen, geteilten Nasenriemen aus Leder. Dieser Riemen übt bei Zug am Strick einen leichten Druck auf den Nasenrücken des Pferdes aus.
Es ist außerdem so konstruiert, dass Sie den Führstrick unmittelbar an den Ringen des ledernen Nasenriemens befestigen können, wenn Sie

Grundlagen der Dual-Aktivierung

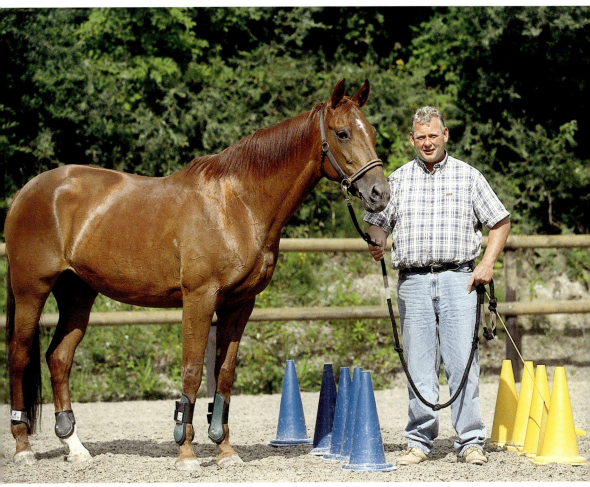

■ **Fertig für die Arbeit:** Weil Pferde bei der Dual-Aktivierung lernen, ihre Beine neu zu sortieren, geben Gamaschen Beinschutz.

mit Ihrem Pferd arbeiten wollen. Dadurch wird der Druck minimal erhöht und Ihr Pferd reagiert sensibler auf Ihre Hilfen. Auf beiden Seiten des Nasenriemens sind Ringe, in die Sie die Longe einhängen können, jeweils auf der Seite, auf der Sie das Pferd führen. Verwenden Sie das Halfter zum Reiten, hängen Sie die Zügel ganz normal rechts und links in die Ringe ein. Natürlich können Sie auch mit jedem anderen Halfter longieren. Der Vorteil an der richtigen Ausrüstung liegt freilich darin, dass Sie sich leichter tun und einen besseren Trainingseffekt erzielen.

Die Zeit

Behalten Sie die Zeit beim Training mit den Dual-Gassen genau im Auge: Am Anfang können fünf oder zehn Minuten konzentrierte Arbeit in den Gassen für Ihr Pferd sehr anstrengend sein. Bei fortgeschrittenem Training können Sie die Zeit auf 15 bis 20 Minuten steigern. Auch sehr gut im Training stehende Pferde sind bereits nach 15 Minuten am Leistungslimit, weil die Arbeit Kopf und Körper ungeheuer fordert. Deshalb steht an erster Stelle die Konstitution des Pferdes. Haben Sie den Eindruck, es ist genug für den Tag, dann belassen Sie es dabei. Auch, wenn die vorgesehenen zehn oder zwanzig Minuten noch nicht erreicht sind.

Tabu

Ausbinder oder Hilfszügel jeglicher Art sind bei der Dual-Aktivierung tabu. Weder am Boden, noch beim Reiten dürfen sie angelegt werden. Leider kommt es immer wieder vor, dass Unkundige die Dual-Aktivierung demonstrieren, in dem sie ein Pferd mit Dreieckszügeln ausgebunden durch die Gassen marschieren lassen. Wenn Sie dies sehen sollten, sprechen Sie den Trainer darauf an. Ein derart ausgebundenes Pferd kann nicht die engen Wendungen bewältigen, wird niemals seinen Takt finden oder gelöst gehen. Ausbinder bewirkt genau das Gegenteil dessen, was die Dual-Aktivierung soll: Sie behindern das Pferd beim Ausbalancieren und verhindern ein geschmeidiges Zusammenspiel der Muskeln. Sie geben dem Pferd eine Form vor, welche die meisten Pferde aufgrund mangelnder Körperbeherrschung gar nicht einnehmen können. Unser Ziel ist ein Pferd, das sich selbst trägt, losgelassen im Takt geht und ohne körperliche Widerstände Muskulatur aufbaut.

Longieren mit Gebiss lehne ich bei der Dual-Aktivierung ebenfalls ab, da ich nicht möchte, dass das Pferd Schmerzen im Maul erlebt, wenn es etwa am Anfang Angst vor den Gassen oder Pylonen hat, und unkontrolliert an der Longe oder dem Longierstrick gezogen wird. Das Pferd soll Vertrauen und Freude an der Arbeit bekommen – und nicht durch Schmerzen abgeschreckt werden.

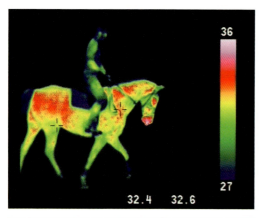

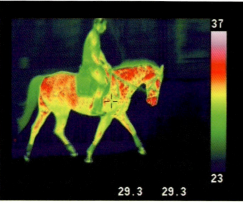

■ **Dual-Aktivierung in der Thermografie: Beim aktivierten Pferd (oben) entspannt sich der Rücken (deutliche helle Linie), die Hinterhand arbeitet. Beim nicht aktivierten Pferd (unten) ist der Rücken wärmer. Hier hält das Pferd den Rücken fest, die Muskeln verkrampfen.**

Warum Muskeln wachsen

Muskelaufbau und korrektes Lasten in der Hinterhand ist für ein Reitpferd, das durchschnittlich belastet wird, genauso wichtig wie für ein Hochleistungs-Sportpferd. Gerade Reitpferde sind besonderen Beanspruchungen ausgesetzt: Viele werden die Woche über nur wenig bewegt und am Wochenende in einem mehrstündigen Geländeritt dann voll belastet. Um überhaupt diese Aufgabe bewältigen zu können, benötigt das Pferd eine sehr gute Grundfitness. Alle anderen Voraussetzungen, wie Gelassenheit, Reaktionsgeschwindigkeit, Entscheidungsfreude (Flucht oder nicht) sind ebenfalls wichtig und müssen trainiert werden.

Grundlagen der Dual-Aktivierung

Bei der Arbeit mit der Dual-Aktivierung habe ich schnell festgestellt, dass die Pferde sehr gut und überdurchschnittlich schnell Muskulatur aufbauen, vor allem Bauchmuskulatur. Diese wichtigen Muskeln werden beim Training oft vernachlässigt. Dabei sind sie die Gegenspieler der Rückenmuskulatur und stützen die Lunge. Bei vermehrter Bemuskelung wird die Lunge quasi gehoben, was für mehr Sauerstoff und damit mehr Kondition sorgt. Im Normalfall arbeiten Pferde nur mit einem Drittel ihrer Lungenkapazität. Das kostet Kondition und verursacht bei Aufregung Kurzatmigkeit, die wiederum die Adrenalinproduktion steigert – schließlich entsteht durch Atemnot beim Pferd noch mehr Panik; ein Teufelskreis beginnt, in dem das Pferd immer nervöser, hektischer und unkontrollierbarer wird. Bei falscher Arbeit krampfen die Muskeln und arbeiten nicht reibungslos. Das zeigen deutlich die Thermografieaufnahmen, die Armgard von der Wense, APM-Therapeutin für Pferde, von Pferden vor und nach der Dual-Aktivierung schoss. Dabei ist besonders auffällig, wie sich der Rücken durch die Dual-Aktivierung entspannt (siehe Fotos links.).

■ **In den Wendungen zwischen den Gassen bekommt das Pferd auch im Galopp Balance.**

■ Die Grundlage der Boden-Übungen ist das Longieren in der Quadratvolte. Hier sieht man bereits, wie das Pferd mit dem inneren Hinterfuß Last aufnimmt und im Takt bleibt.

Grundlagen der Dual-Aktivierung

■ Für manche Pferde ist der ungewohnte Gelb-Blau-Reiz so stark, dass sie vor ihm flüchten wollen. Die Lösung ist konsequentes Weiterarbeiten mit breiter gelegten Gassen.

Muskelwachstum ohne Doping

Im Leistungstraining bei Sportlern muss erst die Koordination stimmen, ehe das Muskeltraining beginnt. Erst dann ist Mensch wie Tier in der Lage, die Untermuskulatur aufzubauen. Nehmen Sie beispielsweise das Gerät »Beinstrecker« im Fitnessstudio: Nach zehn Übungen hören die meisten auf, da ihre Beinmuskeln schmerzen. Es sind nicht nur Knieschmerzen, sondern die ganze Untermuskulatur schmerzt, da sie sonst nie beansprucht wird. Deshalb verweigern einige Pferde schnell die Arbeit: Sie haben schlicht latente Schmerzen. Ein Pferd mit Schmerzen hat Angst vor der Arbeit. Es wird widersetzlich oder mürrisch.

Die Dual-Aktivierung spricht alle Muskeln im Pferdekörper an, dadurch schaltet ihr Pferd automatisch auf eine weniger schmerzhafte und gelenkstützendere Art um, sich zu bewegen. Salopp gesagt: Es kann gar nicht anders, als sich richtig zu bewegen.

Ich erinnere mich an ein Trainings-Pferd, einen Vollblüter, der acht Spuren im Sand hinterließ: vier Spuren von seinen Hufen, und vier von seinen Fesselgelenken, weil er so »durchtrittig« war, dass die Fesselköpfe bei jedem Schritt auf den Boden sanken. Nach sieben Monaten war das Pferd durch das Training mit der Dual-Aktivierung wieder hergestellt. Die Dual-Aktivierung baut den ganzen Pferdekörper physiologisch richtig um: Das Pferd koordiniert sich und baut Muskeln auf. Sie helfen dem Pferd, Stress zu bewältigen, weil sich in den trainierten Muskeln das eingeschossene Adrenalin besser

■ **Richtige Position: Der Mensch bewegt das Pferd und lässt es selbstständig arbeiten.**

Grundlagen der Dual-Aktivierung 49

abbaut. Durch Stress entstehen freie Radikale, die die Nerven angreifen. Da Pferde durch die Arbeit mit Gassen und Pylonen deutlich stresstoleranter werden, scheint die Dual-Aktivierung auch hier positiv in den Stoffwechsel einzugreifen, gleich ob im Gehirn oder im Körper.

Der Trick des Umlastens

Mangelnde Koordination ist der erste Weg zum Gelenkschaden. Er entsteht durch Drehen der Beine auf einem Fleck, nicht aber durch sauberes Umlasten. Letzteres wird durch die Dual-Aktivierung gefördert. Wir haben sehr viele Pferde im Training, die gesundheitlich leicht angeschlagen sind. Die Sorge der Besitzer gilt immer den Beinen. Nach einiger Zeit stellen sie jedoch fest, dass den Pferden das Training sehr gut tut. Zu sehen ist: Das Pferd hört auf, sich auf dem Zirkel auf der äußeren Schulter abzustützen. Es trägt sich gut, wobei das innere Hinterbein deutlich Last aufnimmt. Beim falschen Umlasten liegt die Last auf dem äußeren Hinterbein: Die Pferde rutschen dann weg, verlieren die Balance und werden schnell oder hektisch.

Durch die Dual-Aktivierung fällt das Pferd nicht mehr über die innere Schulter nach innen, selbst in einer engeren Volte nicht. Es lernt, die Last korrekt auf das hintere innere Bein zu nehmen.

Kampf dem Stress

Ein schöner Nebeneffekt des Trainings ist für mich, dass ich jeden Tag neue Erkenntnisse gewinne, die ich in anderen Bereichen umsetzen kann. So haben wir durch die Arbeit mit einem Hochleistungspferd ein Trainingsprogramm entwickelt, das so gut funktioniert, dass es jeder für sich nutzen kann.

Vielen ist nicht bewusst, dass ihre Pferde unter Umständen eine ganze Menge Stress erleben. Entweder durch Unter- oder durch Überforderung. Dazu gehören Lärm und Hektik im Stall zu allen möglichen Tageszeiten; Stress durch Boxenhaltung und damit verbundene mangelnde Bewegung; Stress durch Transporte; Stress durch falsche Zusammenstellung der Gruppen im Offenstall usw.

Dieser Stress samt dem Adrenalin im Blut der Pferde kann nur abgebaut werden, wenn die

Pferde genügend konditioniert und bemuskelt sind, also ihr Stoffwechsel richtig arbeitet. In vielen Fällen hapert es genau da.

Die Dual-Aktivierung erlaubt es, auch mit wenig Zeit Pferde gezielt so zu trainieren, dass sie die gewünschte Leistung erbringen und mit ihrem alltäglichen Stresspegel leben können.

Dieses Programm wurde beim Menschen als »Intervall-Training« bekannt. Übertragen auf Pferde ist es so simpel, dass es jeder anwenden kann. Kombinieren Sie die Dual-Aktivierung mit dem Intervall-Training, haben Sie in kurzer Zeit ein gut bemuskeltes und durchtrainiertes Pferd.

Beim Intervall-Training wechseln sich kurze, sehr intensive Intervalle mit längeren Abschnitten der aktiven Erholung ab. Durch den Wechsel von Herz-Kreislauf-Übungen mit Kräftigungsteilen wird ein oft zu anstrengendes und langes Ausdauer-Training vermieden. Das Intervall-Training steigert Schnelligkeit, Ausdauer und die Fähigkeit, sich rascher zu regenerieren.

Beim Intervall-Training oder hoch intensiven Ausdauertraining verschwindet mehr Körperfett als bei einem Training mit niedrigerer Intensität.

Das so genannte Nachbrennen greift die körpereigenen Fettreserven noch stärker an und verbrennt sogar nach dem Training Fett.

Im Training muss die hohe Belastungsphase sehr kurz sein. Während dieser Phase trainieren Sie mit maximaler Intensität: Sie gehen kurze Zeit an die Belastungsgrenze des Pferdes und bleiben kurze Zeit auf diesem Niveau. Dann fahren Sie die Arbeit runter, wobei Sie das Pferd trotzdem leicht weiterbewegen. In dieser längeren Phase der Erholung wird die Trainingsintensität so stark reduziert, bis sich Puls und Atmung wieder normalisiert haben.

Nach einigen Trainingseinheiten merken Sie schnell, wie lange und intensiv die Belastungsphase Ihres Pferdes sein muss, und wie lange der Körper zur Erholung benötigt. Da sich jedes Pferd unterschiedlich schnell erholt, kann man keine genauen Zeitangaben für die jeweilige Dauer vorschreiben. Dennoch hat sich nach unserer Erfahrung die 10-10-5-Regel bewährt.

Die magischen Zahlen: 10-10-5

Das Training beginnt mit 10 Minuten Schritt. In der Aufwärm-Phase soll man das Pferd nicht am langen Zügel schlurfen lassen. Es wird mit ihm vom Start weg konzentriert gearbeitet, weil nur so seine Muskulatur mobilisiert wird. Stellen Sie sich vor, Sie gehen mit Ihrem Freund eine Stunde einkaufen und schlendern an den Schaufenstern vorbei. Dann kommt plötzlich die Aufforderung: »Renn sofort 1000 Meter!« Dabei würde sich jeder Mensch eine Zerrung zuziehen und später in jeder Faser Muskelkater haben. So ähnlich ist es beim Pferd. Dieses planlose »Herumschlurfen« kostet Zeit und bringt nichts. Also: die ersten zehn Minuten das Pferd konzentrierten Schritt gehen lassen! Davon die ersten drei Minuten im Wechsel schneller, dann wieder langsamer. Dann bauen Sie eine fünfminütige Übungsphase ein, je nachdem, welchen Parcours Sie aufgebaut haben. Dann lassen Sie das Pferd am langen Zügel zwei Minuten ausruhen. Dabei soll es sich frei bewegen. Antreiben sollten Sie es nur, wenn es stehen bleibt oder etwas sieht und sich »festglotzt«. Das müssen Sie unterbinden, indem Sie ihm den Kopf herumstellen und es wieder vorwärts schicken.

Nach der zweiminütigen Schrittpause beginnt die Trabarbeit. Gehen Sie locker mir dem Pferd durch die Hindernisse hindurch, wieder maximal 10 Minuten. Daraufhin folgt erneut eine Pause. In den letzten fünf Minuten fordern wir vom Pferd dann alles, zu dem es auf seinem aktuellen Trainingsstand fähig ist.

Ist Ihr Pferd einmal an diesen Trainingsablauf gewöhnt, weiß es, dass es nach der zweiten Pause nicht mehr allzu lange arbeiten muss. Es braucht keine Energien mehr zu sparen, weil gleich Schluss mit der Arbeit ist. Weil es das verlässlich gelernt hat, verausgabt es sich von

Grundlagen der Dual-Aktivierung

allein und wird seine Energie voll nutzen. Dabei lernen Pferde auch, was sie leisten können. Eine Menge Pferde wissen das nicht. Deshalb schlummern in vielen Leistungspotentiale, die bisher noch gar nicht entdeckt wurden.

Dieses Trainingskonzept hat sich gerade für solche Pferde bewährt, die von ihren Reitern unterschätzt wurden. Die Arbeit endet grundsätzlich, wenn sich einer der beiden nicht mehr konzentrieren kann. Dafür gibt es beim Pferd drei auffällige Merkmale:

1. Es läuft zwei oder mehr Trainingseinheiten wunderbar über alle Gassen. Plötzlich beginnt es, massiv zu stolpern. Dann ist es Zeit aufzuhören.

2. Das Pferd schnaubt zweimal kurz hintereinander, ohne den Kopf zu senken. Das ist nicht zu verwechseln mit dem Abschnauben mit abgesenktem Kopf zur Entspannung.

3. Das Pferd stellt den Kopf leicht schräg.

Es müssen nicht alle Anzeichen zusammen auftreten, sondern es reicht, wenn eines der Signale vom Pferd kommt. Dann müssen Sie aufhören und am nächsten Tag weiterarbeiten. Wenn Sie plötzlich einen Fehler nach dem anderen machen, ist es ebenfalls Zeit für eine Pause. Oder Sie trainieren am besten am nächsten Tag weiter. Denken Sie an das berühmte mexikanische »mañana«, morgen: Sie haben beim Training alle Zeit der Welt.

■ Gegen Ende des Trainings soll das Pferd noch einmal alles geben, zu dem es beim momentanen Leistungsstand in der Lage ist. Es lernt: Anschließend ist sofort Schluss.

Bodenarbeit – Fahnen, Führen und Longieren

Führen:
Ich Geitner, du Freitag

Führen Sie Ihr Pferd auf dem Reitplatz, in der Halle oder in einem großen Round Pen mindestens fünf Minuten auf jeder Hand. Achten Sie dabei auf Ihr Tempo: Sie diktieren Ihrem Pferd das Tempo, nicht umgekehrt. Nach ein paar Runden variieren Sie das Tempo. Gehen Sie mal schneller, mal langsamer, um Ihr Pferd aufmerksam zu machen. Überrennt es Sie dabei, bremsen Sie es. Dabei bitte nicht mit vollem Körpereinsatz gegen den Pferdekörper stemmen.
Eine Kursteilnehmerin mit einem Shire-Horse versuchte genau das. Sie war es gewohnt, den

■ **Entzieht sich das Pferd, dirigiert der Strick seinen Kopf wieder Richtung Mensch.**

Riesen mit ihrem Körpergewicht von knapp 50 Kilo mit energischen Bewegungen nach hinten zu schieben. Nun war Sir William, wie sein Name schon vermuten lässt, ein sehr höfliches Pferd und gab den Bemühungen seiner Besitzerin nach. Auf dem Kurs zeigte ich ihr eine bessere Lösung. Wir arbeiteten mithilfe des Druckhalfters und parierten das Pferd zum Stehen durch. Danach richteten wir ihn mit leichtem Zug auf den Nasenrücken rückwärts. Nach wenigen Übungen mit Tempovariationen, gehen und stehen bleiben reichte die kurze Aufforderung »Willi, back«, und der schwarze Riese ließ sich leichtfüßig rückwärts gleiten.

Am meisten fürchte ich Pferde, die sich nicht bewegen. Ein träges Faultier schafft es, jeden Pferdetrainer wie einen Anfänger dastehen zu lassen. Natürlich ist auf jedem Kurs mindestens eins dieser Pferde vertreten. Sie machen ihren Besitzern mit erpresserischen Machenschaften – wie dem Stehenbleiben – das Leben schwer. Viele Besitzer glauben irrtümlich, diese Pferde seien faul. Sie haben freilich nur gelernt, sich erfolgreich vor einer für sie langweiligen oder verwirrenden Arbeit zu drücken.

Besonders schwierig gestaltete sich die Arbeit auf einem meiner Kurse mit einer Tinkerstute namens Molly. Die Besitzerin hatte am ersten Tag der Bodenarbeit mit einem anderen Pferd gearbeitet. Zum Reiten war aber nun Molly an der Reihe. Um in die Halle zu gelangen, brauchte das Paar mehrere Minuten. Die Tinkerstute blieb immer wieder stehen oder glotzte sich an etwas fest. Beim Aufsteigen war Molly plötzlich

■ **Auch Putzen ist Erziehung: Solange das Pferd gelassen steht, hat es Ruhe.**

wie ausgewechselt: Sie trippelte auf der Stelle wie ein nervöses Rennpferd vor dem Start. Ihre Besitzerin hing mit einem Bein im Steigbügel und war gezwungen, mitzulaufen. Als ich hinzukam und Molly festhielt, hatte sie wohl den Braten gerochen: Die Stute stand wie ein Denkmal. Ich forderte die Reiterin auf, einfach loszugehen, damit das Pferd ihr folgt.

Doch wir hatten die Rechnung ohne Molly gemacht. Es tat sich nichts. Wedeln mit der Dual-Fahne vor, neben und hinter ihr brachte nur ein missmutiges Schweifschlagen hervor. Also schnallten wir den Sattel ab, und ich begann mit der Longenarbeit. Es stand eine lange Diskussion an, wer als Erster losgehen sollte. Molly war der Meinung: Der Geitner geht zuerst. Ich war der Meinung: Molly geht zuerst. Es dauerte eine ganze Weile, bis Molly das Spiel mitmachte. Als sie endlich lustlos um mich herumlatschte, tuschelten bereits einige Kursteilnehmer. Ich ließ jedoch nicht locker und riss die Stute mit einem bayrisch gebrüllten »Zackra!« (was auf Hochdeutsch so viel bedeutet wie: jetzt aber!) aus ihrem Schlaf. Auf einmal begann Molly, fleißig um mich herumzutraben.

Ihre Besitzerin erklärte mir, dass sie immer vorher aufgehört habe, weil es ihr zu anstrengend war – ein Problem, das viele Besitzer fauler Pferde haben. Sie können das Problem nur abstellen, indem sie dem Pferd un-missverständlich klar machen, dass es arbeiten muss. Das Pferd fügt sich dem Menschen, nicht umgekehrt.

■ **Viele Pferde hassen das Zischen von Mähnenspray. Dual-Aktivierung stellt auch diesen Schreck ab.**

Der Knoten in Mollys Hirn war danach geplatzt. Sie erkannte, dass es mir Ernst war und fügte sich in die Arbeit. Im Laufe des Tages staunte der ganze Kurs: Aus der stolpernden, etwas behäbigen Stute war ein fleißig mitarbeitendes Pferd geworden. Die Besitzerin schrieb mich nach mehreren Wochen noch einmal an. Sie arbeitete zweimal die Woche mit Molly mit der Dual-Aktivierung. Inzwischen konnten die beiden sogar Spaziergänge in zügigem Tempo unternehmen und am Reitunterricht teilnehmen. Davon war das Paar bis dato ausgeschlossen, da die Stute sonst immer die ganze Abteilung bremste. Molly war endgültig aufgewacht.

Die Regeln fürs Zusammensein

Wie immer poche ich auf eine klare Erziehungsgrundlage. Sie geben vor, Ihr Pferd macht nach. Ein freundliches, beharrliches Auftreten dem Pferd gegen über ist wichtig, wie nicht nur das Beispiel über Molly beweist. Lieber mal einen Fehler machen, dafür aber machen! Zögerlichkeit und Ratlosigkeit quittieren Pferde damit, dass sie die Zügel selbst in die Hand nehmen. Das kann schon bei 350 Kilo schlecht für den Menschen ausgehen ... Setzen Sie sich ein Ziel.
Eine weitere wichtige Sache ist Konsequenz. Nicht heute hüh und morgen hott.
Gerne bringe ich das Beispiel von einem Warmblüter, dessen Besitzerin nie auf einen konsequenten Umgang mit ihm geachtet hat. Sie hatte den braunen Wallach als vielversprechendes Springpferd vor ein paar Monaten gekauft. Am Anfang stand Wilbur beim Putzen nicht still. Nach ein paar Wochen zappelte er zudem noch beim Satteln. Am Ende der Woche hampelte er beim Aufsteigen. Als ich gerufen wurde, konnte keiner mehr aufsteigen. Eines von vielen Beispielen, die deutlich zeigen, wie gefährlich es ist, kleinste Kleinigkeiten durchgehen zu lassen.

Ich half der Reiterin mit »Be strict«. Mit den einfachsten Übungen war Wilbur nach zwei Wochen soweit erzogen, dass man mit ihm wieder in sein Springprogramm einsteigen konnte. Konsequenz fängt immer bei Kleinigkeiten an: Zu jeder Zeit, die Sie mit Ihrem Pferd verbringen, müssen Sie es leiten. Das ist besonders wichtig bei der Bodenarbeit, die mit richtigem Führen beginnt. Wollen Sie anhalten und einen Moment stehen bleiben, hat Ihr Pferd ruhig neben Ihnen zu stehen. Üben Sie jeden Tag ein wenig länger das ruhige Stehen. Sie werden sehen: Um so besser wird sich Ihr Pferd führen lassen. Lassen Sie Ihr Pferd an einem Tag am Wegrand grasen, können Sie es nicht am nächsten Tag dafür bestrafen. Führen sollte führen bedeuten und nicht grasen oder umherglotzen. Sicher gibt es Pferde, die in dieser Hinsicht so freundlich und lieb sind, dass man schon mal ein paar Sachen durchgehen lassen könnte. Dennoch ist die Position gegenüber Ihrem Pferd das alles Entscheidende.
Das Pferd hat von Fohlentagen an gelernt, dass derjenige, der die Position des anderen verschieben kann, im Notfall auch den Weg aus der Gefahr weist. Deshalb testen Pferde nicht die Rangposition, um uns zu ärgern. Nein! Es ist ein lebensnotwendiges Muss für Ihr Pferd, immer wieder zu schauen, ob Sie im Zweifelsfall den Weg weisen können.
Pferde erledigen das meist sehr dezent. Ein Beispiel: Sie putzen Ihr Pferd, und es lehnt sich leicht in Ihre Richtung. Höflich wie wir Menschen nun einmal sind, lehnen wir uns zurück. Das Pferd hat gewonnen. Da reichen schon ein paar Zentimeter, und das Pferd ist zufrieden. Es wollte ja nur wissen, wer im Ernstfall das Kommando hat. »Na ja«, werden Sie jetzt sagen, »es ist ja kein Ernstfall, wir putzen ja gerade nur«. Aber nur zwanzig Minuten später stehen Sie vor einer Pfütze oder Sie reiten auf einen hohen Sprung zu. Ihr Pferd denkt jetzt »oh, das schaffen wir jetzt aber nicht«, und dann kommen Sie wieder ins Spiel. Sie wollen dem Pferd klarmachen: »Auf geht's, das packen wir.« Da

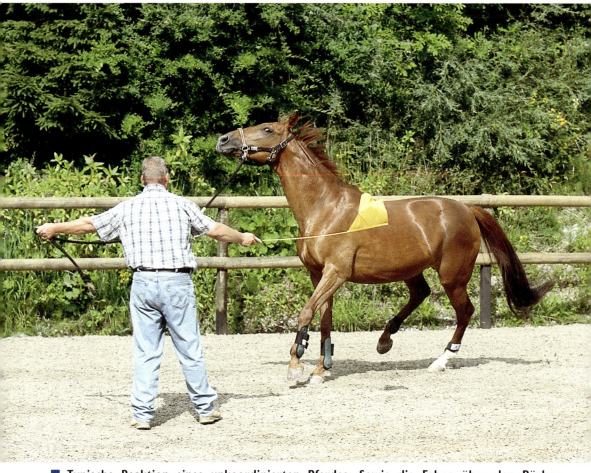

■ **Typische Reaktion eines unkoordinierten Pferdes: Sowie die Fahne über den Rücken wandert, bekommt es einen Schreck.**

Ihr Pferd im Ernstfall den Weg bestimmt, bleiben Sie mit dem Pferd garantiert vor dem Sprung stehen oder verweilen eine halbe Stunde an der Pfütze. Schlecht, wenn Sie gerade ausreiten und Ihnen ein Traktor entgegenkommt.

Entscheidet sich dann Ihr Pferd für Flucht, statt sich von Ihnen in ein sicheres Terrain bringen zu lassen, haben Sie ein Problem. Konsequenz bedeutet daher, dass Sie für Ihr Pferd ein verlässlicher Partner werden. Dazu müssen Sie Ihr Pferd ständig beobachten: Ehe es Ihren Sicherheitsbereich verlässt, glotzt es meist in eine bestimmte Richtung; oder ein Ohr geht in eine andere Richtung. Lernen Sie, solche Zeichen zu deuten und ein wachsamer Freund zu sein. Dann verlässt sich Ihr Pferd auch voll auf Sie.

Flucht-Auge und Sicherheits-Auge

Die Natur hat das Pferd als perfektes Aufmerksamkeits-Tier erschaffen. Durch die monokulare Sehweise – jedes Auge sieht getrennt von-

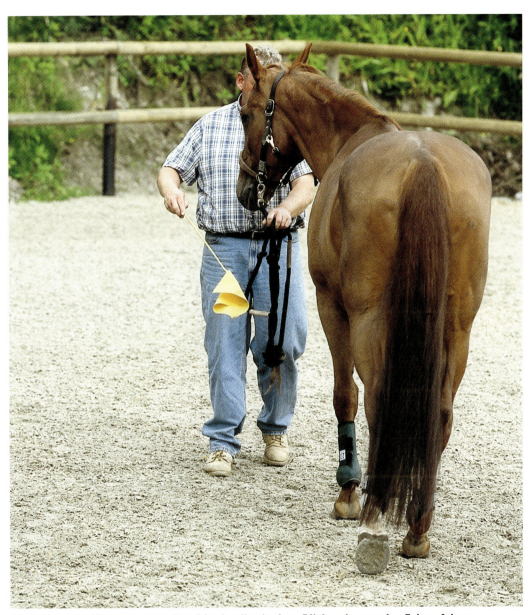

■ **Behutsames Herantasten: Das Pferd soll mit dem Blick gelassen der Fahne folgen.**

einander – kann es mit einem Augen nach hinten blicken, und mit dem anderen nach vorne: Ein Auge schaut nach Feinden, das andere nach dem Weg.
In der Regel ist bei Pferden das linke Auge das Sicherheits-Auge, mit dem es auf Raubtiere achtet. Das rechte Auge ist das Flucht-Auge, das auf den Fluchtweg, die Wegbeschaffenheit und die Herde achtet. Das führt dazu, dass das linke Auge weit mehr im Einsatz ist als das rechte, und somit auch in der entsprechenden rechten Hirnhälfte mehr Erfahrungen gespei-

■ Die konzentrierte Fahnenarbeit erfordert auch vom Mensch viel Koordination.

chert hat. Dies erklärt, warum Pferde meist alles mit dem linken Auge betrachten wollen und vor Dingen, die von rechts kommen, leichter erschrecken: Links sind im Gehirn deutlich weniger Informationen gespeichert als rechts.

Um sich schnell fortzubewegen, ist Koordination wichtig. Beim Menschen hängt sie mit der Beidhändigkeit zusammen. Echte Beidhändigkeit wird beim Menschen durch gezieltes Training mit visuellen Reizen erreicht: Hand- und Basketballer müssen beispielsweise auf Bälle reagieren, die schnell von rechts und links geflogen kommen.

Bei Pferden fördern wir das schnelle Hin- und Herschalten von einer Gehirnhälfte zur anderen durch Rechts-Links-Reize, die wir mit der Dual-Fahne erzeugen, oder indem wir das Pferd in den Dual-Gassen arbeiten. Auch ein Pferd muss schnell von rechts nach links umschalten können, um Stress abzubauen.

Ein weiterer Nebeneffekt der Dual-Aktivierung sind reaktionsschnellere Pferde. Viele höre ich nun aufschreien und sagen: »Bloß nicht noch schneller reagierende Pferde!« solche Leute haben oft Angst vor schnellen Schreckreaktionen des Pferdes. Ich sehe es jedoch anders: Wenn das Pferd kontrolliert, aber reaktionsschnell arbeitet, ist es auch in der Lage, seine Fehlentscheidungen (z. B. Durchgehen) zurückzunehmen. Dies habe ich oft bei nervösen Pfer-

■ **Langsam gehen:** Das Pferd soll Schritt für Schritt der Fahne folgen. Viele schaffen das Anfangs nicht und bleiben irritiert stehen.

den beobachtet, die durch Dual-Training ihre Fluchtentscheidung zurücknahmen.

Ein Trainingspferd namens Sergant Pepper war ein ausgemustertes Rennpferd. Er sollte wie so viele Pferde nach der Rennbahn als Freizeitpferd eingesetzt werden. Ist ein Pferd fünf oder mehr Jahre nur auf »Rennen programmiert«, muss ihm erst einmal beigebracht werden, dass im Schritt zu gehen auch ganz nett sein kann. Die Besitzerin des Wallachs hatte enorme Schwierigkeiten, das Pferd von A nach B zu führen. Pepper stieg und versuchte sich immer loszureißen. An gemütliches Spazierenreiten war nicht zu denken. Beim letzten Versuch, ihn vom Stall in die Halle zu führen, stieg Pepper, riss sich los und rannte seine Besitzerin um.

Nur vier Wochen, nachdem sie Pepper gekauft hatte, nahmen wir ihn dann in Beritt. Bei Pepper wurde zuerst mit der Dual-Fahne gearbeitet. Dabei war gut zu erkennen, dass er ein massives Problem auf der rechten Seite hatte. Er stelzte beim Führen hinter mir her wie ein Kranich. Hob ich die Fahne von der linken Seite auf die rechte, blieb er stehen oder versuchte, sich nach hinten loszureißen. Beim Longieren wendete er auf der rechten Hand den Kopf so stark nach innen, dass ich bald in sein linkes Auge sehen konnte.

Es war einige Arbeit nötig, ihn auf seiner schlechten rechten Seite genauso gut hinzubekommen, wie auf der besseren linken. Eine Woche lang konfrontierten wir ihn jeden Tag auf beiden Seiten mit der Fahne. Danach longierten wir ihn und ließen ihn locker durch die Dual-Gassen gehen. Am Wochenende kam der Durchbruch: Führen und Fahnenarbeit klappten mustergültig. Beim Longieren blieb er exakt auf der Kreisbahn, und ich hatte insgesamt den Eindruck, dass er in sich ruhte. Bei der Arbeit machte er willig mit. Pepper war durch die Rechts-Links-Reize auch auf der rechten Seite stark geworden und riss sich nicht mehr los. Danach begannen wir mit der Reitausbildung. Aus Sergant Pepper ist inzwischen ein verlässliches Geländepferd geworden.

Training mit der Fahne

Zur Arbeit mit der Fahne brauchen Sie Fingerspitzengefühl. Es gibt Pferde, die sehr heftig auf sie reagieren. Verwenden Sie deshalb ruhig einen Stofflappen statt einer Tüte. Dieser Stofffetzen wird wie die Tüte am Ende einer Gerte befestigt, ist aber weniger Furcht erregend, weil er nicht raschelt. Ihr Pferd soll reagieren, aber

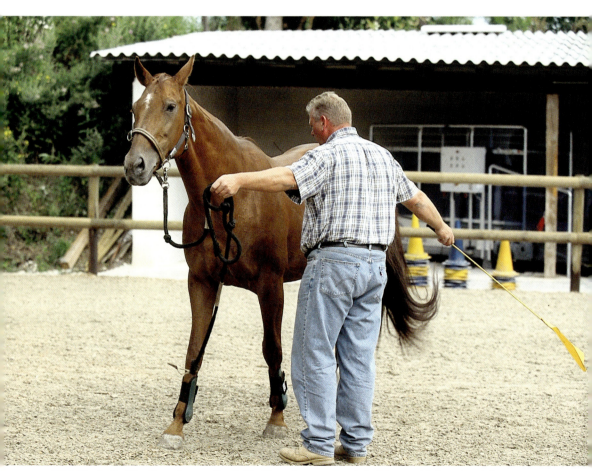

■ **Störrische Pferde müssen durch Treiben den ersten Schritt tun. Ziehen ist tabu.**

Bodenarbeit – Fahnen, Führen und Longieren

nicht heftig werden. Führen Sie deshalb die Fahne am Anfang behutsam an das Pferd heran und zeigen Sie sie ihm erst auf der rechten, dann auf der linken Seite.

Akzeptiert Ihr Pferd den neuen Gegenstand, gewöhnen Sie es weiter an ihn. Denken Sie daran: Diese Arbeit hat nichts mit Desensibilisierung zu tun, sondern soll ihrem Pferd dabei helfen, mit beiden Augen Reize wahrzunehmen, gelassen auf sie zu reagieren und sie zu verarbeiten, weil es erkennt, dass ihm keine Gefahr droht. Bei der Desensibilisierung ergeben sich viele Pferde ihrem Schicksal. Sie lernen dabei nicht, der Umwelt mit bewusster Gelassenheit zu begegnen. Derart abgestumpfte Pferde können im Gegenteil sehr heftig reagieren, wenn sie plötzlich durch irgendetwas erschreckt werden, sei es eine Plastikflasche, auf die sie unachtsam beim Ausritt treten oder ein Knacken im Gebüsch.

Sie stehen erst einmal vor dem Pferdekopf. So sind Sie sicher, sollte Ihr Pferd wie ein Flummi zur Seite hüpfen. Reagiert Ihr Pferd überhaupt nicht, machen Sie es aufmerksam, indem Sie den Kopf durch leichtes Zupfen am Halfter hin- und herbewegen.

Meist sind solche Pferde so abgestumpft, dass sie der Fahne mit dem Kopf nicht folgen. Ist das so, müssen sie aufgeweckt werden: Gehen Sie mal schneller, mal langsamer, und fordern Sie Ihr Pferd durch Zupfen am Halfter auf, mitzu-

■ **Hier sieht man bereits, wie das Pferd kadenziert und kraftvoll die Beine hebt.**

■ Oben: Erstes Herantasten an die Gassen. Viele Pferde laufen innen vorbei. Sie werden am losen Strick nach außen dirigiert.

■ Unten: Die Fahne zeigt Richtung Schulter oder Hinterhand. Das Pferd reagiert auf die Gassen und sortiert seine Hinterbeine.

Bodenarbeit – Fahnen, Führen und Longieren

■ Oben: Erneutes Ausweichen nach innen. Die Fahne korrigiert an der Schulter, so dass das Pferd beim nächsten Anlauf richtig läuft.

■ Unten: Nach der Korrektur. Das Pferd galoppiert sauber durch die Gassen. Deutlich ist seine tief untergesetzte Hinterhand.

kommen.

Nachdem Sie Ihr Pferd aufgewärmt haben und es im Tempo wie gewünscht mithält, legen Sie los: Lassen Sie die Fahne langsam von der linken Seite auf die rechte wandern. Ich schreibe extra »wandern«, damit daraus kein hektisches Schwenken wird. Geben Sie Ihrem Pferd Gelegenheit, den Gegenstand mit dem jeweiligen Auge zu erfassen und wandern dann wieder zurück auf die andere Seite. Wichtig ist dabei, dass Sie mit Ihrem Pferd ein gleichmäßiges Tempo im Schritt gehen. Hier haben Sie schon den ersten Trainingseffekt für sich und Ihr Pferd: Einige Menschen schaffen es nicht, gleich die Abläufe zu koordinieren und bleiben stehen, während sie die Fahne von rechts nach links bewegen. Einige Pferde ebenso. Ein Stocken oder Stehenbleiben sind daher stets Zeichen für mangelnde Koordination und Reizverarbeitung. Geben Sie sich und dem Pferd ausreichend Zeit.

Durch den wechselseitigen Reiz muss im Pferdegehirn jedes Mal das Bild der Fahne neu aufgebaut werden. Einmal rechts, einmal links. Sie werden merken, wie es von Runde zu Runde besser wird. Mit dieser Vorübung wird das Pferdegehirn aktiviert, auf beiden Seiten angesprochen und zum Arbeiten angeregt. Wechseln Sie nach ein paar Runden die Führposition auf die rechte Seite des Pferdes; wechseln Sie auch die Hand. Lassen Sie die Fahne nun von der rechten Seite auf die linke wandern. Viele Pferde machen dabei einen Satz nach vorne oder zur Seite, weil nun mit ihnen von der »schlechten« Seite aus gearbeitet wird.

Gewöhnen Sie sich an, Ihr Pferd immer so gleichmäßig wie möglich von beiden Seiten aus zu trainieren. Darin liegt der Schlüssel des Erfolges. Auch beim Reiten sollten Sie darauf achten, nicht nur die »schlechte« Seite dauerhaft zu bearbeiten. Als Steigerung unbedingt das Tempo variieren, also mal schneller gehen, mal langsamer, aber in dem jeweiligen Tempo immer gleichmäßig bleiben.

Bei der Fahne haben wir die Erfahrung gemacht, dass sie nach einiger Zeit Ihre Wirkung verliert. Gehen Sie dann dazu über, Ihr Pferd in den Dual-Gassen zu trainieren. Ein gutes Beispiel für gelungene Fahnenarbeit war die angreifende Haflingerstute auf unserem Hof.

Amina ist ein Haflinger-Araber-Pinto-Mix aus Österreich und wuchs auf einer Alm auf. Sie kam zu uns, weil sie nicht mehr zu kontrollieren war. Ich kann mich nicht erinnern, dass mich jemals ein Pferd so angegriffen hat wie sie. Trotzdem haben wir sie fair und gewaltfrei behandelt. Ich blieb der Dual-Aktivierung treu und longierte sie fleißig durch die Dual-Gassen. Dazu aktivierte ich sie mit der Fahne rechtslinks. Nach nur zwei Wochen konnten wir Amina als braves Pferd nach Hause entlassen.

Führen in den Dual-Gassen

Um Ihr Pferd auf die Übungen mit den Dual-Gassen vorzubereiten, führen Sie es durch die Gasse. Legen Sie sich vorab den einfachen Basis-Parcours aus: eine gelbe und eine blaue Stange liegen dabei parallel zueinander. Nehmen Sie Ihr Pferd am Halfter und gehen Sie mit ihm durch die Gasse. Am Anfang können Sie die Gassen so weit auseinander legen, dass sie beide bequem durchpassen, also 80 Zentimeter bis einen Meter. Später können Sie die Gassen enger legen und außerhalb der Gasse gehen, während Ihr Pferd innerhalb der Gasse bleibt. Achten Sie wieder auf ein gleichmäßiges Schritt-Tempo. Funktioniert das gut, beginnen Sie mit der Tempo-Veränderung. Sie gehen mal schneller und dann wieder langsamer. Eine wichtige Beobachtung, die ich immer wieder auf meinen Kursen mache, ist, dass sich viele dem Tempo ihrer Pferde anpassen, anstatt umgekehrt. Das ist den meisten sicher gar nicht bewusst.

Wenn ich frage, wer wen führt, kommt oft die Antwort, dass das Pferd eben fleißig ist. Das ist falsch. Ein fleißiges Pferd wird nicht faul, indem Sie verlangen, dass es sich unserem Tempo anpasst. Als Pferdeführer ist es wichtig, Tempo

Bodenarbeit – Fahnen, Führen und Longieren 67

■ Vielen Pferden hilft es beim ersten Kontakt mit den Gassen, sie in Kombination mit der bereits bekannten Fahne kennen zu lernen. Es merkt so, dass die Gassen ungefährlich sind.

und Richtung zu bestimmen. Nur dann achtet Ihr Pferd auf Sie.
Wechseln Sie die Hand und die Führseite und gehen Sie nun von der anderen Seite in die Gasse. Geht das alles problemlos, beschreiben Sie mit Ihrem Pferd eine Acht; also nach der Gasse rechts abbiegen, im Kreis zurück, wieder durch die Gasse, dann links abbiegen und erneut im Kreis zurück. Üben Sie hierbei bereits eine wichtige Voraussetzung für das spätere Longieren und das Reiten: In der Gasse geben Sie mit dem Führstrick nach, in der Biegung nehmen Sie ihn an und biegen das Pferd sanft auf die Kreisbahn.

Training an der Longe

Nachdem Ihr Pferd die ersten Häppchen der Dual-Aktivierung gut verdaut hat, gehen Sie an das Longieren. Viele Kursbesucher berichten, dass sie ab dieser Trainingseinheit bereits unglaubliche Veränderungen an Ihrem Pferd bemerken: träge Haflinger werden plötzlich fleißig, nervöse Araber arbeiten auf einmal konzentriert mit, und schlurfende Tinker heben die Hufe. Durch das Longieren haben Sie das erste Mal die Möglichkeit, alle Gangarten des Pferdes ins Spiel zu bringen, was den Trainingseffekt erhöht.

Rüsten Sie Ihr Pferd mit dem Druckhalfter aus. Nehmen Sie dazu eine Longe oder den langen Führstrick. Wie schon beschrieben, ist jegliches Ausbinden tabu. Beginnen Sie mit dem Basis-Parcours, also eine gelbe und eine blaue Stange parallel gelegt in bequemer Weite.

Position

Bevor Sie mit dem Longieren beginnen, müssen Sie mit Ihrem Pferd durch eine ganz wichtige Grundsatz-Diskussion. Es geht um die Position. Viele Reiter longieren Ihr Pferd, in dem sie es dem Pferd einfach machen, den ersten Schritt zu tun: Nämlich in dem sie den ersten Schritt tun. Und sei es noch so ein kleiner Ausfallschritt zur Seite. Für den Erfolg des Trainings ist es aber wichtig, dass Sie Ihr Pferd dazu bringen, sich zuerst zu bewegen – und sei es nur einen einzigen Schritt.

Stellen Sie sich dazu fest in die Mitte Ihres Longierplatzes und treiben Sie Ihr Pferd an, notfalls mithilfe der Fahne. Drehen Sie sich dabei nur auf der Stelle. Setzen Sie diese Diskussion auf jeden Fall zu Ihren Gunsten durch.

Ich erinnere mich dabei an Faxi Fafnir. Die Stute stellte für ihre Besitzerin eine besondere

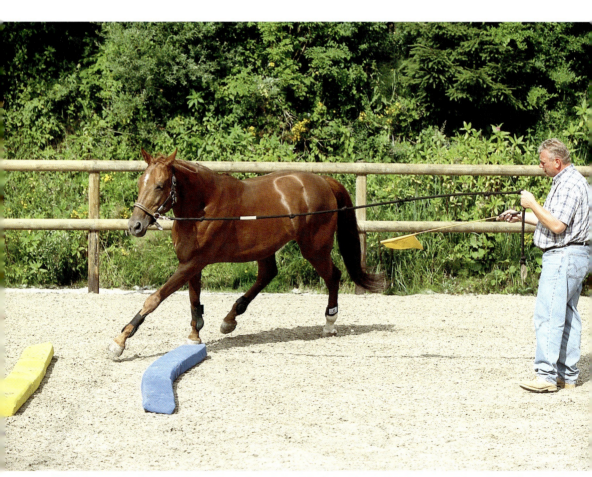

■ **Fleiß erwünscht: Behäbiges Latschen bringt bei der Dual-Aktivierung nichts. Das Pferd soll schwungvoll vorwärts gehen.**

Bodenarbeit – Fahnen, Führen und Longieren

Herausforderung dar. Die kleine Islandstute verharrte bei dieser Übung still, ohne die kleinste Vorwärtsbewegung. Ihre Besitzerin erzählte später, dass Faxi sich oft beim Reiten auf das Gebiss legte und durchging. Um so wichtiger war es mir bei dieser grundlegenden Arbeit, auf der richtigen Ausführung zu beharren, auch wenn dies den Kurs minutenlang lahm legte.

Ich schwenkte die Fahne Richtung Hinterhand und gab vorne genügend Strick frei, sodass Faxi bequem losgehen konnte. Die Stute wollte jedoch erreichen, dass ich den ersten Schritt tat. Sie blieb weiter stehen. Ich veränderte den Zug auf das Halfter und verlangte von ihr, auf mich zuzukommen. Wieder zögerte sie, gab aber dann nach. Ich lobte Faxi und baute das »Longier-Spiel« neu auf. Wieder sollte Faxi zuerst losgehen, während ich auf meiner Mittelposition verharrte. Nach kurzem Zögern bewegte sie sich tatsächlich vorwärts, sodass ich Strick mit samt Pferd an die Besitzerin übergab. Bei ihr zeigt Faxi gleich das Gelernte. Ab dann war es kein Thema mehr, wer wen bewegt. Haben Sie das einmal erreicht, treiben Sie Ihr Pferd so an, dass es im gleichmäßigen Schritt vorwärts geht. »Fädeln« Sie es dabei in die Dual-Gasse ein. Lassen Sie sich ein wenig Zeit, bis Sie den Bewegungsablauf intus haben:

■ **Vorbeilaufen ist nicht schlimm und für schiefe Pferde normal. Geben Sie dem Pferd ohne Strafe ein paar Runden Zeit, die Aufgabe zu verstehen.**

Außerhalb der Gasse das Pferd biegen (Führstrick annehmen) und in der Gasse nachgeben. Wechseln Sie nach ein paar Runden die Hand. Sie werden wahrscheinlich auch bemerken, dass Ihr Pferd die ersten Male nicht so einfach in die Gasse »einzufädeln« ist. Der Grund: Das Bild der Gassen war im Pferdehirn auf der einen Seite abgespeichert. Nun stellt sich das Ganze auf der anderen Seite dar. Ihr Pferd muss erst einmal umschalten.

Schiefe erkennen

Bei dieser Übung merken Sie schnell, ob Ihr Pferd auf einer Seite besonders schief oder steif ist. Dann haben Sie das Gefühl, das Pferd auch in den Gassen auf die Kreisbahn ziehen zu müssen, weil es nach außen driftet. Dieser Versuchung müssen Sie unbedingt widerstehen. Erst nach Austritt aus der Gasse dürfen Sie wieder Kontakt zum Halfter herstellen und den Kopf sanft zu sich hinziehen.

Ein Pferd, das zu unserem Kurs kam, war extrem schief. Der Schweif der achtjährigen Stute Dream of Shalimar stand nach rechts. Die Spuren auf dem Reitplatz waren eindeutig: Die ganze Hinterhand war um einige Zentimeter nach rechts verschoben. Wir arbeiteten sie zwei Wochen abwechselnd in der Basis-Gasse und in der Doppel-Gasse.

Täglich konnte man sehen, wie sich die Spur verbesserte. Danach starteten wir mit dem Reittraining. Zu den biegenden Übungen wie Basis-

■ Die Gassenarbeit hilft, die Schiefe eines Pferds zu erkennen. Hier fällt das Pferd nach außen und stützt sich auf die äußere Schulter, statt die Last mit dem inneren Hinterfuß zu tragen.

und Doppel-Gasse nahmen wir die Lang-Gasse hinzu, um Shalimar gerade zu richten.

Nach einer Woche Schritt und Trab durch die Gassen, war Shalimar unter dem Sattel nicht mehr wiederzuerkennen: Sie spurte gerade, setzte die Hinterhand unter und schlug nicht mehr mit dem Kopf. Diese Angewohnheit hatte ihre Besitzerin zur Verzweiflung gebracht, da übliche Mittel gegen das vermeintliche Headsheaking keinen Erfolg hatten.

Wenn Sie Probleme bei der Schiefendiagnose haben, sehen Sie sich einmal genau das Trittbild an, das Ihr Pferd im Sand hinterlässt. Dazu lassen Sie es von einem Helfer von sich wegführen. Wichtig ist, das Ganze im Schritt und im Trab zu vergleichen. Im feuchten Sand sieht man besonders gut, ob eine Seite des Pferds verschoben ist, oder ob die Hinterhufe in die Spur der Vorderhufe treten. Vielleicht hat auch Ihr Schmied bereits gesagt, auf welcher Seite Ihr Pferd die Eisen mehr abläuft. Dann sollten Sie auf jeden Fall mit der Dual-Aktivierung weiterarbeiten, denn dieses Training wirkt sich positiv auf den ganzen Pferdekörper aus.

Nicht selten kommt durch eine Steifheit auf einem Bein eine Überkreuzlahmheit dazu: Wenn das Bein hinten links steif ist, kann das Pferd vorne rechts zu lahmen beginnen. Bereits beim Grundprogramm können Sie die Übung erschweren, in dem Sie den Radius des Zirkels verkleinern. Das ist freilich sehr anstrengend für Ihr Pferd, da es sich auf einem extrem engen Kreis bewegt. Schnellere Gangarten sollten Sie erst verlangen, wenn Ihr Pferd bereits gut aktiviert ist und gut auf dem äußeren Bein lastet.

Vom Schritt zum Trab

Haben Sie ein sicheres Gefühl und können Ihr Pferd im Schritt gut durch die Basis-Gasse longieren, steigern Sie den Schwierigkeitsgrad. Erhöhen Sie das Tempo und longieren Sie Ihr Pferd im Trab durch die Gasse. Denken Sie daran, in der Gasse nachzugeben und das Pferd an der offenen Seite zu biegen. Diese Übung wiederholen Sie auf der anderen Hand. Ihr Pferd soll seinen eigenen Rhythmus und Takt finden. Bald werden Sie bemerken, wie sich das Pferd zu tragen beginnt. Ohne irgendwelche zusätzlichen Hilfszügel senkt sich der Pferdekopf nach vorwärts-abwärts und der Rücken beginnt zu schwingen. Die Hinterhand tritt vermehrt unter und fußt energisch ab. Die Tritte des Pferdes werden höher und kadenzierter. Das ist der Effekt, der durch die Dual-Aktivierung vorrangig erzielt werden soll. Bedenken Sie: Gerade das Trab-Training durch die Gassen ist am Anfang besonders anstrengend für Ihr Pferd. Stressen Sie es nicht zu sehr. Muskeln sind schnell überfordert und ein schlimmer Muskelkater stellt sich ein. Als Faustregel gilt: Fünfzehn Minuten (5-5-5) konzentriertes Training in den Gassen reichen pro Tag. Mit einbeziehen müssen Sie auch Ihre sonstige Arbeit an diesem Tag. Erst Springtraining und dann zur »Erholung« noch ein wenig Dual-Aktivierung ist falsch. Faustformel: Fünfzehn Minuten Dual-Aktivierung ersetzen eine Stunde normales Longieren.

Die Figuren

Die Doppel-Gasse

Eine langsame Steigerung der Basis-Gasse ist die Doppel-Gasse. Wenn Sie Ihr Pferd das erste Mal durch dieses Hindernis longieren, legen Sie sich die Gassen etwas weiter auseinander. So kann Ihr Pferd bequem durchgehen. Etwas schwieriger wird es mit dem richtigen Einfädeln: Um zu verhindern, dass Ihr Pferd ständig ausweicht, beginnen Sie im Schritt. Schätzen Sie ab, ob die Abstände der Gassen optimal sind und ob Sie die richtige Longenlänge haben. Das ist wichtig, damit das Longieren im Trab nicht in Gezerre ausartet. Achten Sie auf die Biegung von Kopf und Hals an den offenen Seiten. Lassen Sie das Pferd einfädeln und geben dann sofort nach.

Die Doppel-Gasse ist eine Ur-Figur der Dual-

■ **Doppel-Gasse eng gelegt. Manche Pferde schwanken im Schritt und Trab deutlich in ihr – ein Zeichen mangelnder Balance.**

Aktivierung und hat mir viele Erkenntnisse gebracht. Man sieht, auf welcher Hand die Pferde besondere Schwierigkeiten haben, ohne dass jemand draufsitzt. Ein schiefes Pferd erkennen Sie in der Doppel-Gasse daran, dass es extrem zu »eiern« beginnt. Für den Longenführer ist es schwierig, das Pferd richtig einzufädeln.

Eine Kursteilnehmerin war es beim Longieren gewohnt, neben dem Pferd herzulaufen. Das machte die Sache kompliziert, denn sie konnte nie die richtige Position einnehmen. Damit hatte die Dual-Aktivierung keinen Erfolg bei ihrem Pferd, da es sich auf der offenen Seite nicht biegen musste. Also übten wir. Ich riet ihr, sie solle sich vorstellen, dass sie mit einer festen Gewindestange durch beide Füße am Boden verankert sei. Nur auf der Stelle drehen sei möglich.

Ihr Pferd war ein Koloss von einem Welsh-D-Pony, groß, stark und schwarz. Ulin Bali, seines Zeichens Grobmotoriker, stolperte und krachte zu Hause über alle Bodenhindernisse. Die Besitzerin stellte sich fest in die Mitte des Zirkels, während Ulin geduldig auf dem Hufschlag wartete. Dann gab sie ihm zu verstehen, dass er losgehen sollte und schwenkte mit der Fahne in Richtung Hinterhand. Ulin verstand anscheinend nur Bahnhof, denn er blieb wie angewurzelt stehen. Kein Wunder, da sonst immer eine Begleitung neben ihm ging. Ich gab ihr den Tipp, energischer zu werden und sich ganz auf Ulin und sein Vorwärtsgehen zu konzentrieren. Siehe da, es funktionierte. Sogleich sollte sie den Strick annehmen und Ulin auf die Kreisbahn abbiegen. Wie ein Öltanker steuerte er die erste Gasse an, und es schienen unendliche Minuten zu vergehen, bis er dort angelangt war. Er senkte den Kopf und versuchte, den »Eingang« zu treffen. Mit dem rechten Huf trat er auf die blaue und mit dem linken Huf kickte er die gelbe Gasse in meine Richtung. Verzweifelt sah mich seine Besitzerin an. »Passt scho«, beruhigte ich sie und wir legten die Gassen weiter auseinander. Ulin steuerte auf die nächste Gasse zu, während seine Besitzerin am Strick nachgab. Diesmal ging es schon besser. Der Riese richtete sich in den Gassen gerade und wurde an der offenen Seite durch Strickannehmen leicht gebogen. Ulins Besitzerin blieb sehr gut in der Mitte stehen und fädelte ihr Pferd nur durch weiches Annehmen und Nachgeben mit dem Arm in die Gassen ein. Wir

Bodenarbeit – Fahnen, Führen und Longieren

■ **Trichterviereck:** Abwechselnd gelegt helfen die Trichter dem Pferd beim Einfädeln und fördern sein Denkvermögen.

sprachen laut mit: »Annehmen, einfädeln, nachgeben«, immer und immer wieder. Nach ein paar Runden funktionierte das Ganze so gut, dass ich es im Trab wagte. Schwerfällig trabte Ulin an. Seine Besitzerin blieb wie angewurzelt stehen und konnte es kaum fassen: Ulin wurde tatsächlich weich und gab nach. Nach wenigen Runden beschlossen wir, die Gassen etwas enger zu legen. Ulin trabte an und nahm die Gassen, als hätte er nie etwas anderes getan.

Zum ersten Mal war die Besitzerin richtig zufrieden mit ihrem Wallach. Am nächsten Kurstag ritt sie Ulin durch die Basis-Gasse, die Doppel-Gasse und die Quadratvolte.

Man konnte beiden ansehen, wie viel Spaß sie hatten und wie viel Freude Ulin selbst seine neue Leichtfüßigkeit machte.

Das Trichterviereck

Das Trichterviereck ist ein guter Einstieg als Vorübung zur Quadratvolte. Legen Sie sich acht Elemente zu vier Gassen bereit. In der jeweiligen Gangrichtung legen Sie den Eingang der Gasse etwas weiter auseinander, sodass ein Trichter entsteht. Wie bei allen Figuren können Sie die Abstände je nach Ausbildungsstand variieren oder zu einem Trichter formen.

■ Balanceübungen im Trab: Das Pferd hat begriffen, was es soll. In diesem Stadium beginnen die Tempowechsel.

Das Trichterviereck eignet sich gut für Pferde, die sich schwer in die Gassen dirigieren lassen, weil sie entweder extrem schief sind oder der Longenführer Probleme mit dem Einfädeln seines Pferdes in die Gassen hat. Der in Gangrichtung geöffnete Trichter ermöglicht Ihnen das Schummeln: So lotsen Sie Ihr Pferd auf jeden Fall durch die Gassen.

Wählen Sie diese Figur auch, wenn es zum Tempowechsel vom Schritt zum Trab kommt. Der Aufbau erleichtert es vier- wie zweibeinigen Einsteigern, die Gasse zu treffen. Nach einer Weile sollten Sie jedoch dazu übergehen, die Gassen parallel aufzubauen. Der Trainingseffekt besteht wieder darin, dass Ihr Pferd in den Gassen gerade gerichtet wird.

Die Quadratvolte

Um Ihr Pferd optimal auf die gerittene Dual-Aktivierung vorzubereiten, kommt als weiteres Trainingselement die Quadratvolte hinzu.
Legen Sie auf Ihrem Trainingsplatz an vier Seiten Gassen aus. Longieren Sie in allen drei Grundgangarten.
Denken Sie daran: An der offenen Seite biegen, in die Gasse einfädeln, in der Gasse nachgeben, zwischen den Gassen biegen. Durch Tempowechsel vom Schritt zum Trab und für Fortgeschrittene vom Trab zum Galopp und zurück in den Schritt erreichen Sie einen optimalen Trainingseffekt. Behalten Sie hier auf jeden Fall die Uhr im Auge und richten Sie sich nach dem

Bodenarbeit – Fahnen, Führen und Longieren

■ **Der Fächer:** Dieser Aufbau hilft dem Pferd, seine Tritte schwungvoll zu verlängern oder zu verkürzen. Wechselnde Farbkombinationen erhalten beim Pferd die Aufmerksamkeit.

Zustand Ihres Pferdes. Streben Sie ein sinnvolles Training an, kein Müdemachen.

Der Fächer

Legen Sie sich abwechselnd gelbe und blaue Schläuche auf einem Zirkel aus. Für den ganzen Fächer benötigen Sie acht Elemente, für den halben Fächer vier. Diese Übung ist gut geeignet, um die Tritte Ihres Pferdes zu verlängern. Legen Sie die Abstände zu Beginn des Trainings in der Schrittlänge Ihres Pferdes fest. Später vergrößern Sie langsam die Abstände zueinander, um Ihrem Pferd eine größere Schritt- bzw. Trabweite zu geben. Lassen Sie Ihr Pferd nach dem Aufwärmen im Schritt über diese Anordnung gehen. Nach dem Antraben sehen Sie schnell, auch wenn Sie noch etwas ungeübt sind, wie weit oder eng die Schläuche liegen dürfen. Stolpert Ihr Pferd zu oft, müssen Sie die Abstände neu einschätzen oder ein oder zwei Stangen am Anfang wegnehmen.

Sind Sie fortgeschrittener »Dual-Aktivierer« und haben Sie einen Gassensatz mit acht Elementen, können Sie den ganzen Zirkel damit auslegen. Arbeiten Sie auf beiden Händen, in der Kernzeit etwa drei bis vier Minuten. Der Fächer ist eine sehr wirkungsvolle Figur in der Dual-Aktivierung und für Ihr Pferd sehr anstrengend. Auch Olympia-Pferde, die sehr gut trainiert sind, haben hier nach wenigen Minuten genug. Die Abstände werden durch versehentliches Anstoßen mit dem Pferdehuf immer ein wenig variiert. Lassen Sie die Gassen ruhig liegen, denn so muss Ihr Pferd immer neu taxieren.

Die engen Gassen

Um Ihr Training weiter effektiv zu halten, steigern Sie den Schwierigkeitsgrad: Sie verringern den Abstand zwischen den Gassen. Die für den Einstieg bequem breit gelegten Stangenschläuche (ein Meter Abstand) verengen Sie auch auf einen Abstand von 50 Zentimetern. Da die Schläuche biegsam sind, können Sie für »Totalverweigerer« am jeweiligen Stangeneingang einen kleinen Trichter formen. Aber bitte nur, bis sich das Pferd sicherer fühlt, danach müssen Sie konsequent verengen.

Beim Longieren in verschiedenen Tempi sehen Sie deutlich, wie sich die Pferde bemühen, ihre Beine zu heben, um auf keinen der Schläuche zu treten. In der Anfangsphase der Dual-Aktivierung hatten wir ein hochkarätiges Dressurpferd, das leicht schief war und wenig untertrat. Der große Wallach füllte mit seiner Gestalt und Ausstrahlung unser ganzes Round Pen. Meine Bereiterin Kati legte die Doppel-Gasse zurecht, durch die wir Cor de Lune führten. Er nahm es gelassen. Also begannen wir mit dem Longieren. Bereits nach den ersten Tritten hört man laute Rufe aus Richtung des Round Pens. Cor de Lune legte eine solche Show hin, dass es uns vor Begeisterung umschmiss: Er schwebte im Trab durch die Gassen und zeigte Gänge, die wir bis dahin bei ihm noch nicht gesehen hatten.

Angespornt von dem Erfolg verringerten wir die Abstände der Gassen langsam. Cor de Lune bewegte sich so eifrig und auf den Punkt genau, dass wir das Training als Lob für ihn abbrachen. Am nächsten Tag waren noch mehr Schaulustige am Pen versammelt. Lune begann mit seiner Show. Diesmal verengten wir die Gassen auf einen hufbreit. Der schwarze Wallach schwebte durch die Gassen und war hinreißend anzusehen. Nach zwei Wochen Training war Cor de Lune fertig für die Heimreise. Die Schiefe war verschwunden und das Wort »Untertreten« hatte eine neue Dimension erhalten. Dieses Training zeigte mir damals, was mithilfe der Dual-Aktivierung möglich ist.

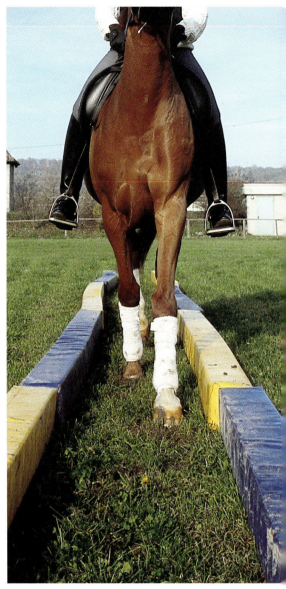

■ **Sowie die Gassen enger werden, müssen Sie damit rechnen, dass das Pferd erneut zu schwanken beginnt.**

1001 Trainingsmöglichkeiten

Wenn Sie mit Ihrem Pferd durch die Übungen am Boden gegangen sind, verändern Sie den Parcours nach Lust und Laune. Werden Sie kreativ und denken Sie sich neue Formationen aus. Schaffen Sie Anordnungen, die besonders gut auf Sie und Ihr Pferd zugeschnitten sind.

Wir haben uns einmal aus Jux ausgerechnet, dass man mit den Dual-Gassen drei Jahre lang jeden Tag verschiedene Anordnungen üben könnte. Besonders beliebt ist inzwischen unser »Gruselparcours«, der von Fortgeschrittenen auch geritten wird: Beim Gruselparcours nehmen wir vier bis acht Stangen und werfen sie wie beim Mikado in das Round Pen. So wie sie liegen bleiben, muss das Pferd drüber.

Mögliche Probleme

Am Anfang kann es bei der Dual-Aktivierung kleinere Probleme geben. Mit wachsender Übung haben Sie jedoch schnell den Bogen raus. Probleme beim Pferd können vom Schnappen nach der Tüte bis zum Hinlegen in der Bahnmitte inklusive Sattel und Reiter reichen. Letzteres ist jedoch untypisch und entstand aufgrund totaler Überforderung des Pferdes, das vor und nach der Dual-Aktivierung noch »normal« gearbeitet wurde.

Fahne fressen

Häufig schnappen Pferde nach der Fahne. Wedeln Sie einfach ein wenig stärker mit der Fahne. Stellen Sie die Rangordnung wieder her: Vergrößern Sie die Distanz zum Pferd und geben Richtung und Tempo vor. Reagiert Ihr Pferd wie eine Schlaftablette, probiert es die Ignorierungstaktik aus. Verstärken Sie wieder den Reiz und zischen energisch mit der Fahne, vor, über und neben Ihm. Reagiert es plötzlich heftig, nehmen Sie sofort den Druck raus. Führen Sie Ihr Pferd langsam an die Fahnenarbeit heran. Langsam bedeutet aber auch konsequent und selbstsicher. Katzenartige Bewegungen von Menschen, die auf Zehenspitzen um Ihr Pferd schleichen, verunsichern es nur noch mehr.

Dazu gehört auch das Loben an der falschen Stelle: Kein Pferd darf zur Beruhigung gelobt werden, weil in diesem Moment im Pferdehirn das aufgeregte Gebaren, nicht aber das Abschalten gelobt und damit verstärkt wird.

Verweigern

Bei der Arbeit in den Gassen kann ein Pferd zunächst verweigern. Einige steigen auch schon mal, wenn von der rechten Hand auf die linke gewechselt wird. Behutsames, aber konsequentes Weiterlongieren bringt den gewünschten Erfolg. Rascheln oder wedeln Sie dazu mit der Fahne in Richtung Hinterhand Ihres Pferdes. Gewöhnlich ist das Ganze nach drei Wiederholungen kein Problem mehr. Bleibt Ihr Pferd immer noch ratlos vor den Gassen stehen, führen Sie es am Halfter durch die Gasse, damit es versteht, was verlangt wird.

Häufige Fehler

- **Der Parcours passt nicht zum Pferd.** Wer kein Round Pen zur Verfügung hat, merkt besonders beim Longieren auf dem Reitplatz schnell, wie und ob die Abstände passend für das Pferd sind. Ist eine Gassen-Kombination so aufgebaut, dass Sie den Eindruck haben, Sie müssten Ihr Pferd durch herumlaufen oder -ziehen in die Gassen manövrieren, justieren Sie bitte die Gassen nach – und nicht Ihr Pferd.

- **Das Training ist zu anspruchsvoll.** Die Dual-Aktivierung ist genial einfach, aber es ist auch einfach genial, wie schwer sie in den einzelnen Trainingseinheiten sein kann. Was so leicht wirkt, ist harte Arbeit für Ihr Pferd. Deshalb dürfen Sie die Anforderungen an Ihr

■ Fehler sind erlaubt. Aus ihnen lernt das Pferd bei der Dual-Aktivierung, in stets wechselnden Situationen Ruhe zu bewahren.

Pferd nicht unterschätzen. Kommt es nach einiger Zeit im Training zu Widersetzlichkeiten – und das beginnt bereits beim Einfangen auf der Weide – müssen Sie Ihm eine Trainingspause gönnen.
Schalten Sie lieber drei Gänge zurück und beginnen Sie wieder mit ganz einfachen Übungen wie Basis-Gasse und Doppel-Gasse mit Tempowechseln vom Schritt zum Trab. Denken Sie an das Pferd, das sich nach einem Programm aus Dual-Training, Ausritt und Dressurreiten hinlegte und schlief.

● **Das Training war zu lang.** Wenn Sie zu lange trainieren, gilt dasselbe, wie wenn Sie ihr Pferd durch zu anspruchsvolle Übungen überfordern. Merke: Es hat schon vielen Pferden geschadet, wenn mit ihnen zu lange trainiert wurde, hingegen wurde noch kein Pferd schlechter, wenn es kürzer arbeiten musste.

● **Die Aufbau-Kombination ist falsch.** Überfordern können Sie Ihr Pferd auch durch falschen Aufbau von Pylonen oder Stangen. Die Pylonen-Acht empfehle ich nur in Kombination mit einer anderen Übung aufzubauen. Sie dient zum Biegen. Sie ist sehr anspruchsvoll und für das Pferd enorm anstrengend. Sie muss daher in Verbindung mit einer gerade richtenden Übung geritten werden. Das gilt auch für die stark biegende

■ Weich sei Dank: Unkoordinierte Pferde treten häufiger auf die Gassen. Sie lernen dabei durch das Rascheln, mit Schrecksituationen umzugehen und verletzen sich nicht.

Quadratvolte. Sie sollte immer zum Ausgleich mit einer nur gerade richtenden Figur wie der Lang-Gasse oder der Cavaletti-Gasse kombiniert werden.

● **Es ist kein Plan für den Aufbau vorhanden.** Ebenso falsch wie Überforderung ist die Haltung »ich mach nur so ein wenig herum«. Glauben Sie mir, Ihr Pferd durchschaut Sie schnell. Wer keinen Plan hat, hat kein Ziel und achtet auch nicht auf sein Pferd. Zielloses Herumlaufen zwischen den Gassen bringt außer Staubaufwirbeln gar nichts.

● **Es werden Ausbinder benutzt.** Zaungäste, die nur mal hereinschauen, sind oft verwundert, dass ich das Pferd quasi »nackt« durch die Gassen schicke. Es kommt schnell (oft in traditionellen Dressurställen) die Frage nach den richtigen Ausbindern für die Dual-Aktivierung. Noch einmal: Ausbinder jeglicher Art sind bei der Dual-Aktivierung tabu. Wer sein Pferd bei der Dual-Aktivierung ausbindet, hat weder die Methode verstanden, noch kann er ein Kenner von Pferden sein. Enge Wendungen gehen können, sich selbstständig tragen und gleichmäßig im Takt laufen, kann niemals durch »Verschnürung« erreicht werden, egal wie lang die Schnüre auch hängen oder woraus sie sind. Sie behindern den Muskelaufbau eher als sie ihn fördern.

Dual-Aktivierung geritten

Wenn Sie Ihr Pferd am Boden auf die Dual-Gassen gut vorbereitet haben, wird es auch keine größeren Probleme geben wenn Sie im Sattel sitzen. Entgegen der Befürchtungen vieler Kursbesucher scheuen weniger Pferde vor den Gassen, als man glaubt.
Es ist immer von Vorteil, wenn ein Helfer vor Ort ist: ab und zu verrutschen die Stangen oder der Parcours muss umgebaut werden. Außerdem sehen vier Augen mehr als zwei.
Bei der Dual-Aktivierung geritten geht es um Impuls-Reiten. Wie auch bei der Arbeit am Boden muss ich vielen Reitern erst einmal beibringen, dass weniger Arbeit mehr Erfolg bringt. Tüddeln am Boden setzt sich im Sattel in einem Zupfen hier und Herumrutschen da fort. Pferde mögen das nicht. Für sie hat jede Bewegung, die sie auf ihrem Rücken spüren, eine Bedeutung. Verwirren Sie Ihr Pferd nicht durch ungewollte Impulse. Meistens fordere ich die Kursteilnehmer auf, passiv zu sitzen. Das bedeutet ganz einfach, unabhängig im Sattel zu sitzen und sich den Bewegungen des Pferdes anzupassen, ohne es zu stören oder zu behindern. So zu reiten ist die Voraussetzung, um erfolgreich durch die Dual-Gassen zu gehen.

Die Reittechnik in den Gassen

Ihr Pferd soll seine Balance mit hingegebenem Zügel finden. Beim Durchreiten sollten Sie sich einen Punkt in der Ferne suchen und fixieren, um das eigene Geradeaussehen zu trainieren, was für Ihr Pferd sehr wichtig ist. Ein beliebter Fehler bei 90 Prozent aller Reiter, egal welcher

■ Erstes Reiten in der Gasse. Noch geht es verkrampft. In diesem Stadium ist es besonders schädlich, dem Pferd im Maul zu zupfen. Lassen Sie es in Ruhe alleine arbeiten.

Reitweise, ist das »Mähnenkino«. Der Blick geht nicht nach vorn, sondern nach unten auf die Mähne. Durch das Hinunterschauen verwirren Sie Ihr Pferd. Es sollte zwischen Ihnen beiden eine klare Abmachung gelten: Sie kümmern sich um die »Raubtiere« und Ihr Pferd passt auf den Boden auf, damit es nicht stolpert. Lassen Sie dabei Ihr Pferd nie einfach nur »latschen«. Mit der Zeit werden Sie den charakteristischen Hüftschwung heraushaben, den es zu sitzen gilt, wenn Ihr Pferd beispielsweise in der Quadratvolte in die Wendung geht. Passen Sie sich einfach den Bewegungen Ihres Pferdes an und sitzen Sie unverkrampft. Bei jedem Ziel, das Sie vor Augen haben, vergessen Sie aber den Spaß nicht, den das Training mit der Dual-Aktivierung bringen soll. Wenn Sie fröhlich sind, färbt es auf ihr Pferd ab und es geht freudiger.

Die Arbeit vor der Arbeit

Das Lösen, also die Arbeit vor der Arbeit, ist sehr wichtig. Kaum einer weiß, wie man Pferde richtig löst. Mindestens zehn Minuten Schritt am Anfang sind Pflicht, denn die gleichmäßige Bewegung schmiert Gelenke und verhindert Muskelrisse. Beim richtigen Lösen arbeiten Sie das Pferd bereits in den Dual-Gassen, durch die es konzentriert schreiten muss und sich dabei abwechselnd biegt und gerade richtet.

Medizinisch gesehen beginnt das Lösen in den Gelenken: Setzt das Pferd von einem Fuß auf den anderen, kommt die Synovialpumpe in Gang. Sie sitzt in der Gelenkhaut zwischen den Knorpelschichten (Synovia) und produziert die Gelenkschmiere. Die Knorpel funktionieren dann wie Schwämme und saugen die Flüssigkeit

■ **Pylonen-Acht: Das Pferd lernt, sich geschmeidig zu biegen. Je enger die Acht, desto größer der Trainingseffekt. Sie werden verblüfft sein, welche engen Wendungen ein Pferd meistert.**

■ Schwungvolles Angaloppieren in den Gassen. Die blau-gelbe Begrenzung hält das Pferd gerade und hilft ihm, den Schub aus der Hinterhand zu entwickeln.

auf. Erst danach ist das Pferd bereit zum Trab. Gleichzeitig kommt der Kreislauf in Schwung. Einem grasenden Pferd reichen 10 bis 20 Atemzüge Sauerstoff pro Minute, ein trabendes Pferd benötigt schon 30 Atemzüge. Das Herz schlägt schneller und pumpt sauerstoffreiches Blut durch die Adern zu den Muskeln. Während im Ruhepuls das Pferdeherz zwischen 30 und 48 Mal pocht, sind es beim Lösen bereits zwischen 49 und 60 Mal. Medizinisch gesehen ist Ziel des Lösens auch, dass Sauerstoff und Nährstoffe schneller bei den Muskeln verfügbar sind. Wenn Muskeln gut arbeiten, dann kostet nicht das Zusammenziehen, sondern das Entspannen Energie (siehe das Nachbrennen beim Intervall-Training Seite 37). Die Ursache liegt im komplizierten Aufbau der Muskeln. Mehr Energie und die gesteigerte Durchblutung sorgen für Wärme. In der Ruhephase haben Muskeln zwischen 37 und 38 Grad Celsius.

Bei der Arbeit kann man an der Kruppenmuskulatur bis zu 42 Grad messen. Ist ein Pferd schlecht trainiert, kann es schon beim Lösen schlappmachen. Erhält der Muskel nicht genügend Sauerstoff, produziert er Milchsäure (Laktat). Sie ist ein Abfallprodukt im Blut und zeigt

Dual-Aktivierung geritten

■ Die Arbeit in den Gassen hilft dem Pferd auch, sich ohne störende Zügelhilfen des Reiters die Dehnungshaltung zu entwickeln.

Erschöpfung an. Ab 2,0 Millimol Laktat pro Liter Blut ist das Pferd müde. Jede weitere Arbeit verschlechtert dann sogar die Kondition des Pferdes.
Die Lösungsphasen bei aktivierten Pferden werden immer kürzer. Ziel beim Lösen ist es, dass Ihr Pferd prompt Ihren Hilfen folgt und mit schwingendem Rücken geht. Haben Sie den Eindruck, dass Sie auf einem Holzhocker sitzen, ist Ihr Pferd noch nicht gelöst. Muskelverspannungen – vor allem im Rücken des Pferdes – führen zu verheerenden Auswirkungen: Je öfter das Pferd verspannt geritten wird, desto »härter« wird es jedes Mal. Es schleichen sich Taktunreinheiten ein, weil das Pferd den brettharten Rücken auch mit einem hölzernen Gang quittiert. Das setzt sich soweit fort, bis das Pferd nur noch durch die Gegend stakst. Einige Pferde sind dann dauerverspannt, sodass sie sich durch Arbeit nicht mehr lösen lassen.
Wichtig ist, dass mit der Zeit ein gleichmäßiger Takt entsteht. Erlaubt ist alles, was locker und zufrieden macht.
Faustformel: Wecken Sie Trödel-Pferde mit Tempowechsel auf und zügeln Sie Raser, indem Sie sie über die Dual-Gassen schreiten lassen.

Dazu legen Sie vier Gassen in unterschiedlichen Abständen auf dem Trainingsplatz aus. Denken Sie daran: Dauerbremsen im Maul macht auch das gutmütigste Pferd irgendwann sauer. Legen Sie Ihrem Pferd lieber Gassen in den Weg – die bremsen es ganz automatisch.

Die erste Gasse

Beginnen Sie nach dem Lösen mit dem Training an der Basis-Gasse, also zwei nebeneinander gelegten Stangen. Trainieren Sie bereits im Schritt das Nachgeben in der Gasse. Später in schnelleren Gangarten wird dies besonders wichtig, da viele Reiter dazu neigen, ihr Pferd mit den Zügeln zu bremsen. Das sollte nicht passieren.
Ihr Pferd soll seinen Takt und seine Balance unbeeinflusst von Ihrer Einwirkung finden. Dabei helfen ihm die Gassen: sie übernehmen den »Job«, den sonst vor allem Lektionen wie Schulterherein, Travers und Renvers leisten.
Passieren Sie die Gasse mal von der einen Seite, mal von der anderen. Reiten Sie zwischendurch immer wieder ganze Bahn, weg von der Gasse.
Üben Sie das Biegen: In der Gasse nachgeben, danach Zügel aufnehmen und die Richtung ändern, dabei Zügel annehmen. Am einfachsten werden Ihnen die ersten Versuche fallen, wenn Sie auf dem Zirkel, in einem Round Pen oder einem Longierplatz üben. Dort »lehnen« Sie sich einfach nach Verlassen der Gasse an die Kreisbahn an.
Achten Sie von Anfang an auf eine sachte Zügelführung. Später in der Quadratvolte dürfen Sie nie am Zügel reißen, um Ihr Pferd in die nächste Gasse »einzufädeln«. Steigern Sie den Schwierigkeitsgrad und die Zeit langsam. Sie werden merken, dass sich Ihr Pferd nach kurzer Zeit schwungvoll und eifrig von selbst in die Gassen einfädelt und dabei immer erhabener tritt. Dabei spielen seine Bauch- und Rückenmuskeln wirkungsvoll zusammen.

Trab und Tempowechsel durch die Gasse

Geht im Schritt alles reibungslos, traben Sie an. Wiederholen Sie die gleiche Übung in der Basis-Gasse, also Durchreiten von beiden Seiten, Richtung ändern, ganze Bahn und wieder durch die Gasse. Fordern Sie Ihr Pferd auf, mal schneller, mal langsamer zu traben. Achten Sie immer auf ein gleichmäßiges Tempo. Beobachten Sie, ob Ihr Pferd das Tempo von alleine in den Gassen hält. Nehmen Sie als weitere Steigerung die Doppel-Gasse hinzu. Ihr Pferd sollte das Ganze bereits von der Longenarbeit kennen.
Aufbau: Auf dem Zirkel liegen je zwei Basis-Gassen gegenüber voneinander. Nun muss sich Ihr Pferd auf einer gebogenen Linie abwechselnd gerade richten und wieder biegen.

Es wird schmaler

Legen Sie am Anfang die Dual-Gasse normal breit (80 bis 100 Zentimeter) auf dem Trainingsplatz aus. Dann soll Ihr Helfer nach jedem Durchreiten die Gasse ein wenig enger legen. Ist Ihr Pferd einmal geübt, können die Gassen bis auf einen hufbreit verengt werden. Das fördert den gewünschten Trainingseffekt extrem: Die Pferdebeine heben sich, die Hinterhand wird aktiviert, das Pferd setzt seine Hufe weiter unter den Schwerpunkt. Auf die Gefahr hin, dass es Ihnen lästig wird: Stören Sie Ihr Pferd in den Gassen so wenig wie möglich. Weder mit dem Zügel, noch mit dem Schenkel. Lassen Sie es arbeiten und seinen Takt finden.
Selbst Korrekturpferde machen auf unserem Hof die Steigerung selbsttätig durch. Schenkel und Zügel kommen erst viel später dazu. Vielleicht können Sie Ihren Helfer bitten, ein wenig zu korrigieren: Lassen Sie ihn einschätzen, ob das Tempo gleichmäßig ist und ob Sie die Zügel in den Gassen nachgeben. Achten Sie darauf,

Dual-Aktivierung geritten

dass die Trainings-Zeit nicht überschritten wird. Gerade wenn etwas gut funktioniert, neigt man dazu, es zu wiederholen. Schließen Sie lieber das Training mit einer geglückten Übung ab, loben Ihr Pferd und trainieren am anderen Tag weiter. Auch Pferde brauchen Motivation und vor allem Lob nach dieser anstrengenden Arbeit. Was passieren kann, wenn ein Reiter seine Zügelführung nicht kontrolliert, zeigt der Bericht von einem ständig Quarter Horse, das ständig losraste: Auf einem Kurs erzählte mir eine Zuschauerin von ihrem Quarter, der nach dem Angaloppieren regelmäßig »abschoss«. Ich bat sie, das Pferd am nächsten Tag mit auf den Kurs zu bringen. Sie erzählte, dass sich selbst gute Westernreiter die Zähne an ihm ausgebissen hätten.

Ich ließ mir das Pferd vorreiten und erkannte schnell die Ursache des Problems. Das Pferd war wie erwartet ein so genannter »Schritt-Flüchter«. Ihren Schritt nennt man häufig irrtümlicher Weise fleißig. In Wahrheit sind sie schon im Schritt nicht kontrollierbar. Das macht in dieser Gangart natürlich nichts aus. Im Galopp wird das Problem aber gravierend. Also übten wir das Schrittgehen durch die Basis-Gasse: schnell, langsam, schnell, langsam. Wurde das Pferd zu schnell, musste die Reiterin beide Zügel aufnehmen. Sobald er langsamer wurde, sofort die Zügel nachlassen.

Am Nachmittag trainierten wir das Ganze im Trab. Ich ließ sie Trabverstärkungen reiten und dann wieder ganz langsam traben; Trabverstärkungen bis kurz vor den Galopp und dann wieder langsamer Trab. Dann kam der spannende Moment: Ich gab das Kommando zum Angaloppieren. Und siehe da, das Pferd galoppierte ganz gelassen am langen Zügel an und ging dann ruhig Runde für Runde.

■ Je besser die Balance des Pferdes, desto schmaler wird die Gasse – bis zur Hufbreite.

Die Figuren beim Reiten

Das Dreieck

Für diese Figur benötigen Sie drei einzelne Schläuche, die Sie zu einem Dreieck legen. Die Arbeit im Dreieck besteht für Ihr Pferd darin, dass einmal eine spitze Seite und dann eine lange Seite überwunden werden muss. Durch diese Übung wird die Aufmerksamkeit und die Trittsicherheit des Pferdes gefördert. Außerdem muss es sich bei dieser Figur nach meinen Beobachtungen ungeheuer stark konzentrieren. Reiten Sie die ersten Runden im Schritt auf beiden Händen. Ist Ihr Pferd aufgewärmt, können Sie antraben. An der offenen Seite des Zirkels biegen Sie Ihr Pferd, über dem Dreieck lassen Sie die Zügel locker. Arbeiten Sie mit einem Helfer, denn es kann immer sein, dass ein Schlauch verrutscht.

Reiten Sie die Figur auf beiden Händen auch im Trab. Achten Sie darauf, dass Sie höchstens zwei Minuten am Stück am Dreieck üben. Das Dreieck lässt sich gut mit weiteren Gassen kombinieren, sodass es Fortgeschrittenen nicht langweilig wird: Vor und/oder hinter dem Dreieck wird in einem Abstand von etwa 50 Zentimeter eine weitere Gasse als Orientierungshilfe gelegt. Sie hilft Pferden, die wegen mangelnder Koordination vor dem Dreieck verweigern, weil es für sie der einzige Ausweg ist.

Begoni, ein ehemaliges Rennpferd, sollte als Vielseitigkeitspferd genutzt werden. Ein hübscher Kerl mit viel Talent. Als er zu uns auf den Hof kam, stieg er jedoch nur noch – und zwar immer dann, wenn man etwas von ihm verlang-

■ Das Dreieck fordert Kopf und Körper extrem. Das Pferd tritt kurz und kadenziert. Pferde, die zum ersten Mal durchs Dreieck sollen, können verweigern oder erschrecken.

te. Schon nach dem ersten Arbeiten im Round Pen bemerkte ich, dass er eine deutliche Rechts-Links-Schwäche hatte. Seine Körper- und Muskelkoordination war eine Katastrophe. Er machte jedoch bei der Arbeit am Boden und beim Longieren durch die Dual-Gassen schnelle Fortschritte. Besonders die Arbeit am Dreieck half ihm enorm. Beim Reiten konnte er die Übungen sehr gut umsetzen. Er fand endlich zu seiner inneren Ruhe und konnte bald seinen Körper gut koordinieren.

Heute tritt er schön von hinten unter und hat sich das Steigen komplett abgewöhnt. Auch seine Schwierigkeiten beim Angaloppieren auf der rechten Hand sind weg. Er erhält täglich vier Mahlzeiten, insgesamt neun Liter hoch energetisches Futter und ist trotzdem die Ruhe selbst.

Die Quadratvolte

Mit der Quadratvolte hat Ihr Pferd bereits beim Longieren Bekanntschaft geschlossen. Durch sie zu reiten ist ein wenig schwieriger, als das Pferd »nur« durch sie hindurch zu longieren. Legen Sie drei Gassen mit sechs Stangen auf dem Zirkel aus. An der offenen Seite reiten Sie in den Zirkel hinein. Versuchen Sie zunächst, im Schritt durch das Hindernis zu reiten. Sie merken, dass der schnelle Wechsel von einer Gasse in die nächste recht schwierig ist, da Sie nur einen kurzen Moment (etwa zwei Sekunden) zum Zügelaufnehmen und Biegen des Pferdes haben.

Zum Ablauf: An der offenen Seite biegen, in den Gassen gerade richten. Beim Reiten hilft es, wenn Sie sich sagen: »biegen, gerade, biegen,

■ Der Last aufnehmende innere Hinterfuß ist das A und O beim Reiten. Hier sehen Sie, wie das Pferd ihn durch die Dual-Aktivierung korrekt einsetzt und deutlich unter den Körper tritt.

gerade«. In den Gassen geben Sie die Zügel hin und stören das Pferd so wenig wie möglich, an der offenen Seite biegen Sie es.

Diese Übung lässt sich variieren, in dem Sie die Gassen enger legen und öfter das Tempo und die Hand wechseln. Reiten Sie die Quadratvolte am besten in Kombination mit einer gerade richtenden Übung wie der Lang-Gasse.

Die Pylonen-Acht

Durch die so genannte Acht »halbe Volte gerade« wird die Geschmeidigkeit des Pferdes gefördert. Stellen Sie eine Gasse aus acht Pylonen (je vier auf jeder Seite) auf. Die Pylonen sollten einen Abstand von 70 bis 80 Zentimetern haben. Denken Sie sich eine liegende Acht: Nach dem Durchreiten der Gasse wenden Sie nach links, reiten um die Pylonen eine Volte und biegen sofort wieder in die Gasse ein. Danach wenden Sie nach rechts, Volte um die Pylonen und wieder in die Gasse. Am Anfang müssen Sie die Volten größer reiten, später mit fortgeschrittenem Training dürfen sie so klein wie noch möglich werden. Dabei wird Ihr Pferd außerhalb der Gassen gebogen und in der Gasse gerade gerichtet. Lassen Sie Ihrem Pferd die ganze Länge der Gasse zum Geraderichten. Also nicht schon am Gassen-Ende nach rechts oder links stellen, sondern erst kurz dahinter. Erst wenn Ihr Unterschenkel auf Höhe der letzten Pylone ist, dürfen Sie Ihr Pferd in die Biegung schicken.

Meiner Erfahrung nach ist die Acht eine der anspruchsvollsten Übungen. Was im Schritt noch eben geht, ist zu Beginn im Trab für viele nicht korrekt zu reiten. Pferde fallen öfter in den Schritt, gehen neben den Gassen oder die Volten werden eckig. Lassen Sie sich Zeit für dieses Training. Wenn Sie eine Kombination aus mehreren Figuren reiten wollen, dürfen Sie zu der Acht nur noch eine zusätzliche Figur aufnehmen.

In meinen Kursen ist die Acht sehr beliebt. Der Reiter sieht deutlich, wie weit sein Pferd auf dem Weg zur Beidhändigkeit bereits gekommen ist. Eiert es oder zackelt es herum, fallen die ersten Pylonen. Das Gleiche passiert, wenn Sie schummeln und das Pferd in der Gasse nicht gerade richten, sondern zu früh biegen. Die letzte Pylone wird gnadenlos fallen.

Auf der anderen Seite sieht man in der Pylonen-Acht am schnellsten den Erfolg, den man mit der Dual-Aktivierung erzielen will: Durch zügiges Durchreiten im Trab, bei Könnern im Galopp, wird die Hinterhand des Pferdes extrem aktiviert. Deshalb ist diese Übung besonders bei Dressur-Reitern beliebt.

Eines unserer Trainingspferde war eine Klasse-Stute mit Donnerhall-Abstammung. Leider blieb sie im Ausdruck immer etwas hinter den Erwartungen des Reiters zurück. Don Denise schlurfte lustlos über den Platz, als wir sie das erste Mal unter dem Sattel hatten. Zum Aufwecken hatten wir einen kleinen Parcours aus Basis-Gasse, Doppel-Gasse und Quadratvolte gelegt. Die zehnjährige Stute gab sich unerschrocken bei den ersten beiden Figuren. In der Quadratvolte hatte sie jedoch enorme Schwierigkeiten. Durch ihre Körperlänge war Don Denise nur wie ein »Chopper mit langer Gabel« zu lenken. Wer abbiegen wollte, musste quasi einen Kilometer vorher das »Lenkrad« einschlagen. Von Untertreten und Lasten auf dem inneren Bein, war keine Spur zu erkennen. Don Denise hatte Mühe, sich in engen Wendungen korrekt auf den Beinen zu halten. Im Trab lief sie so »unrund« wie ein platter Reifen. Es gab also viel zu tun. Wir erstellen für Don Denise einen Trainingsplan, durch den genau an ihren Problemen gearbeitet wurde.

1. Die Stute musste lernen, in Wendungen richtig zu lasten. Um das zu fördern, arbeiteten wir mit der Quadratvolte. Bei Don Denise mussten wir am Anfang einen größeren Innendurchmesser wählen, damit sich die Stute korrekt biegen konnte. Zum Ende hin sollte der Durchmesser jedoch verringert werden.
2. Die Stute musste lernen, sich stärker zu versammeln. Deshalb planten wir viele Übungen

Dual-Aktivierung geritten

■ Biegen in der Pylonen-Acht. Wieder gilt: In der Gasse wird das Pferd in Ruhe gelassen, in der Wendung sind Hilfen erlaubt.

mit der Pylonen-Acht ein. Die erste Woche verbrachten wir mit Kombinationen von Doppel-Gasse longiert und Quadratvolte geritten. Bereits am Ende der ersten Woche konnten wir den Innendurchmesser der Quadratvolte verringern. Don Denise lastete erkennbar besser auf dem jeweils inneren Hinterbein. Ihr Rücken begann zu schwingen und sie trat weiter mit den Hinterhufen unter ihren Schwerpunkt. Am Anfang der zweiten Woche kombinierten wir die Lang-Gasse und die Quadratvolte und die Lang-Gasse und die Pylonen-Acht. Die Fortschritte der Stute waren sensationell. Besonders in der Pylonen-Acht, war ihre aktivierte Hinterhand zu bewundern. Das ganze Pferd schien neu sortiert und im Rahmen verkürzt. Als Don Denises Besitzer zum Wochenende kam, um sich von den Fortschritten zu überzeugen, war seine erste Frage, mit welchen Ausbindern wir Denise zusammengeschnürt hätten. Ich antwortete wahrheitsgemäß »mit keinen«. Der Besitzer ritt sein Pferd sofort Probe. Nach ein paar Runden machte er uns ein schönes Kompliment: »Nein, das ist nicht mein Pferd«, lachte er ungläubig. Sie geht inzwischen in schweren Dressur-Prüfungen.

Das Pylonen-Doppel-S

Für diese Figur benötigen Sie acht Pylonen. Denken Sie sich zwei liegende »S«. Stellen Sie

■ **Pylonen-Doppel-S:** Dieser Rechts-Links-Wechsel merzt die letzten Steifheiten des Pferdes aus. Die Übung ist für fortgeschrittene Pferde und Reiter in der Dual-Aktivierung.

die Pylonen in diesen »Schlangenlinien« so auf, dass an den Biegepunkten jeweils eine Pylone steht. Verschiedene Übungen der Dual-Aktivierung werden in den Pylonen geritten. Genau wie bei der Pylonen-Acht sollte die Figur möglichst korrekt geritten werden. Dabei muss der Reiter lernen, dass vorzeitiges Abbiegen ebenso falsch ist wie Zackeln. Die umgefallenen Pylonen erinnern ihn, dass er sein Pferd in dem Hindernis gerade richten soll und erst nach dem Hindernis mit dem Biegen beginnt. Diese Übung ist sehr anspruchsvoll und eignet sich deshalb vor allem für geübte Reiter, deren Pferde die Grundlagen der Dual-Aktivierung durchlaufen haben. Natürlich können Sie zwei »Riesen-S« mit großem Pylonen-Abstand aufbauen und sich mit Ihrem Pferd freuen, wie gut das funktioniert. Eng aufgebaut, fordert das Doppel-S von dem Pferd eine Schlangenlinie im Körper: Die Vorhand schwenkt schon auf den neuen Kurs, während die Hinterhand noch auf einem anderen Hufschlag ist. Wer das Doppel-S zweimal die Woche über einen längeren Zeitraum in den Trainingsplan aufnimmt, erhält ein geschmeidiges Pferd. Sein Bewusstsein für Vor-, Mittel- und Hinterhand wächst.

Die Cavaletti-Gasse

Für diese Übung benötigen Sie vier bis acht quer gelegte Dual-Schläuche, die im Abstand der Schrittlänge Ihres Pferdes auf dem Boden

Dual-Aktivierung geritten

■ **Cavaletti-Gasse von hinten: Deutlich sieht man, wie schmal und gerade das Pferd fußt. Das jeweilige Vorder- und Hinterbein treten genau in einer Linie.**

liegen. Wie der Name schon sagt, ist diese Übung an die Cavaletti-Arbeit angelehnt. Sie können die Gassen an einer langen Seite aufbauen. Dabei können Sie die Farben beliebig variieren: blau-gelb-blau-gelb oder blau-blau-gelb-blau-blau-gelb. Ihrer Phantasie sind auch hier keine Grenzen gesetzt; erlaubt ist alles, was die Aufmerksamkeit Ihres Pferds erhält. Probieren Sie aus, was Ihrem Pferd am leichtesten und was ihm am schwersten fällt. Dadurch bekommen Sie neue Trainingsziele.

Gehen Sie mit Ihrem Pferd im Schritt über die Gassen und lassen es sich dabei nach vorwärts-abwärts strecken. Sie werden sehen, wie sich der Rücken Ihres Pferdes über den Gassen aufwölbt. Das Strecken fördert die Losgelassen-

heit des Pferdes und den Schwung. Die Tritte werden kadenzierter, je weiter man die Gassen auseinander legt. Alles wirkt sich positiv auf das spätere Reitgefühl aus. Beginnen Sie im Schritt und achten Sie auf ein gleichmäßiges Tempo. Sie können die Cavaletti-Gasse später im Trab überqueren. Ganz Fortgeschrittene probieren es mit einem versammelten Pferd im Galopp. Als Kombination zur Cavaletti-Gasse passt eine biegende Übung wie die Pylonen-Acht.

Hochblütige Pferde neigen leicht dazu, sich bei der Cavaletti-Gasse »heiß zu rennen«, was nicht passieren soll. Schalten Sie dann einen Gang zurück und gehen wieder im ruhigen Schritt mit dem Pferd über die Gasse. Verändern Sie immer wieder den Abstand der Gassen. Mal zwei mit

■ **Parallel-Quer: Diese Figur können Sie auch diagonal kreuzen. Sie aktiviert die Hinterhand. Eine leichte Verschiebung reicht, um Parallel-Quer zu modifizieren (unten).**

Dual-Aktivierung geritten

nur 80 Zentimetern; die nächsten liegen dann 2,50 Meter auseinander. Ich möchte, dass die Pferde stets ihren Takt halten, die Schrittlänge selbstständig anpassen und stets balanciert bleiben. Wenn sich der Aufbau ändert, müssen sie auch mental gelassen bleiben.

Parallel quer, parallel quer (PQPQ)

Eine weitere nicht biegende Übung ist die Figur PQPQ. Sie dient der Arbeit an den Rechts-Links-Reizen und ist eine Kombination aus Geraderichten und Rückenaufwölben. Sie eignet sich besonders für Pferde, die nicht mehr so eng gebogen werden sollen, wie in den Zirkel-Übungen der Dual-Aktivierung.
Sie benötigen für diese Übung acht Elemente, die zu vier Gassen gelegt werden – einmal parallel, dann quer, wieder parallel und wieder quer. Die parallelen Gassen können Sie später verengen, die quer gelegten Gassen erweitern. Legen Sie diese Übung durch die ganze Bahn oder an einer langen Seite aus. Reiten Sie am Anfang Schritt auf beiden Händen. Diese Übung können Sie auch nur im Schritt reiten, da sich die Gasse wie beschrieben im Schwierigkeitsgrad vielfältig verändern lässt.
Arbeiten Sie an der Schrittlänge Ihres Pferdes: Lassen Sie Ihren Helfer die quer gelegten Gassen zuerst auf den optimalen Abstand der Schrittlänge Ihres Pferdes auslegen. Nach und nach vergrößern Sie den Abstand und erzielen somit einen raumgreifenderen Schritt. Im Trab müssen Sie die Abstände wieder neu justieren. Nach den ersten Runden werden Sie feststellen, wo sich noch ein paar Abstände vergrößern lassen.
Eine weitere Schwierigkeits-Steigerung ist die Variation innerhalb des Tempos. Auch in höherem Tempo sollten Sie nicht schludrig werden. Es geht nicht darum, den Parcours irgendwie hinter sich zu bringen. Stolpert Ihr Pferd hierbei zu oft, hören Sie für diesen Tag auf oder trainieren an einer einfacheren Figur weiter. Geht Ihr Pferd an den Gassen vorbei, legen Sie

■ **Die Lang-Gasse: Viele Pferde äugen abwechselnd rechts und links auf die Gassen. Lassen Sie es gewähren – es balanciert sich von alleine aus. Je sicherer das Pferd geht, desto enger kann die Gasse liegen.**

den Eingang der parallelen Gassen zunächst zu einem Trichter. Das erleichtert Ihrem Pferd das Einfädeln.

Die Lang-Gasse

Für die Lang-Gasse benötigen Sie vier Schläuche, besser sind sechs, die jeweils rechts und links versetzt ausgelegt werden. Am Anfang legt

■ In der Gasse ist deutlich zu erkennen, wie das ungeübte Pferd von rechts nach links schwankt. Je stabiler seine Balance durch die Dual-Aktivierung wird, desto mehr verschwindet das Phänomen. Lassen Sie das Pferd einfach alleine arbeiten.

man auf der einen Seite die gelben und auf der anderen die blauen Schläuche aus. Später kann man die Farben mischen.

Legen Sie die Elemente entweder entlang der langen Seite oder diagonal aus. Reiten Sie am Anfang im Schritt, um Ihr Pferd mit der Gasse vertraut zu machen. Viele Pferde äugen dabei abwechselnd rechts und links nach unten. Stören Sie ihr Pferd dabei nicht, sondern gewöhnen Sie sich an, ihm bereits im Schritt am Gassen-Anfang die Zügel hinzugeben. Als Nächstes traben Sie durch die Lang-Gasse. Legen Sie kurz vor dem Einbiegen in die Gasse noch einmal Tempo zu. Ihr Pferd soll sich alleine durch die Gasse arbeiten. Wenn Sie nach ein paar Durchgängen die Gassen enger legen, werden Sie sehen, welchen genialen Einfluss die Lang-Gasse auf die Bewegungen Ihres Pferdes hat: Die Beine werden extrem angehoben. Durch die wechselnden Blau-Gelb-Reize von rechts und links nimmt das Pferd eine erhabene Haltung ein, die Hinterhand wird untergesetzt. Durch die Länge der Figur haben Sie Platz genug, einmal richtig Gas zu geben.

Die Lombard-Gasse

Wer einmal in San Francisco war, kennt sicher die Lombard-Gasse. Es ist die steilste und kurvenreichste Straße in Kalifornien. Dieser Straße wurde die nächste Figur nachempfunden. Mit acht Elementen bauen Sie vier Gassen auf, die

■ **Lombard-Gasse:** Sie setzt ähnlich wie das Pylonen-S auf Links-Rechts-Biegung. In ihr zeigt sich, wie geschmeidig sich das Pferd beim Richtungswechsel umstellt und Last aufnimmt.

längs gelegt und versetzt zueinander einen Zick-Zack bilden. Bauen Sie diese Übung diagonal durch den ganzen Trainingsplatz auf, damit Sie nach dem Durchreiten noch den Hufschlag frei haben, um die Richtung zu ändern. In dieser Übung richten Sie Ihr Pferd gerade, um es dann wieder zu biegen.

Ähnlich wie bei der Quadratvolte haben Sie nur etwa zwei Sekunden Zeit, Ihr Pferd von der einen Gasse in die andere einzufädeln und es dabei zu biegen. Achten Sie während des Schrittreitens darauf, nicht hektisch die Zügel aufzunehmen und daran zu reißen. Lieber noch einmal geradeaus reiten und neu beginnen. Hat der erste Durchgang geklappt, reiten Sie von der anderen Seite an.

Lassen Sie dabei die Zügel in den Gassen locker und stören Sie das Pferd nicht in seinem Rhythmus. In der nächsten Trainingseinheit traben Sie durch die Lombard-Gasse. Achten Sie auf ein weiches Biegen und Stellen. Lassen Sie Ihr Pferd nach dem Trab-Durchgang im Schritt auf den Hufschlag gehen und wechseln Sie die Hand.

Wenn Sie den Schwierigkeitsgrad noch weiter erhöhen wollen, legen Sie sich die Elemente enger. Sie können auch eine Kombination aus eng-weit, eng-weit legen. Achten Sie wieder auf die Kondition Ihres Pferdes. Was einfach aussieht, ist anspruchsvoll und anstrengend, da Koordination, Balance, Hinterhand, Geschmeidigkeit und Wahrnehmung gleichzeitig trainiert werden.

Das Mikado

Wer sich nach vielen Trainingsstunden Dual-Aktivierung langweilt, kann den »Gruselparcours« reiten. Er ist nur für extrem fortgeschrittene Reiter und Pferde und wird in allen Gangarten geritten. Entstanden ist der »Gruselparcours« durch einen Zufall: unsere Bereiterin Kati, wollte vier Stangenschläuche im Round Pen aufbauen. Dazu warf sie die Schläuche von außen ins Round Pen. Die Anordnung gefiel ihr so gut, dass sie, ohne die Schläuche zu sortieren, direkt mit dem Reiten begann. In der sprachlich geglätteten Form heißt er nun »Mikado-Parcours«.

Nach dem Aufbau lassen Sie Ihr Pferd im Schritt über das Hindernis treten. Geben Sie den Zügel genug nach, damit Ihr Pferd den Hals senken und sich auf den Bereich vor seinen Beinen konzentrieren kann.

Reiten Sie den Parcours auf beiden Händen. Erst wenn Ihr Pferd sicher ist, sollten Sie antraben. Durch die wirre Anordnung der Stangen ist nicht nur die Koordination und Balance Ihres Pferdes gefragt, sondern auch Ihre Balance und Konzentrationsfähigkeit als Reiter. Bei dieser Übung ist es besonders wichtig, dass Sie das Pferd nicht beim Ausbalancieren stören.

Wer sich nicht traut, durch das Hindernis zu reiten oder gar seinem Pferd die Bewältigung des Hindernisses nicht zutraut, sollte es erst einmal frei darüber laufen lassen.

Unsere Beobachtung: Sogar in schnelleren Gangarten sind aktivierte Pferde noch in der Lage, ihren Huf im Galopp über einem Schlauch zurückzuziehen, um nicht darauf zu treten.

Besonders großen Erfolg hatten wir mit dem »Gruselparcours« bei einem unkontrollierbaren Springtalent. Der 7-jährige Bayernwallach Renitent galt als unreitbar, als er zu uns kam. Obwohl ihn sein Besitzer als eines der größten Springtalente in Deutschland einschätzte, hatte Renitent in seinem ganzen Leben bisher nur hektisch und unkontrolliert agiert.

Vier Trainer hatten sich bis dahin an ihm versucht. Zwei Wochen rannte er auch bei uns panisch los, sobald man etwas von ihm verlangte. Dieses Pferd war vollkommen verspannt und reagierte absolut kopflos. Wir haben ihn zunächst mit der üblichen »Be-strict«-Bodenarbeit konfrontiert, dann kam das Longieren in unserem berüchtigten »Gruselparcours« hinzu. Dabei zwingen die Übungen das Pferd dazu, sich pausenlos mit Dingen zu beschäftigen, die im ständigen Wechsel sein Gehirn zum Arbeiten anregen. Gleichzeitig werden die Gehirnhälften und ihre Kommunikation miteinander

■ Das Mikado wurde schnell als Gruselparcours bekannt. Um es zu meistern, muss ein Pferd die Grundlagen der DA beherrschen. Bei so anspruchsvollen Übungen zeigen sich Vorteile der weichen Gassen besonders: Gerät das Pferd aus der Balance, sind Verletzungen ausgeschlossen.

trainiert. Das Pferd muss durch die Dual-Aktivierung ständig Rechts-Links-Reize verarbeiten und lernt so, mit seiner Panik umzugehen. Nach fünf Wochen Dual-Aktivierung ließ Renitent sich reiten – zum großen Erstaunen seiner Trainerin, die ihn schon als Fohlen kannte. Inzwischen ist der Wallach zum unproblematischsten Pferd der Trainerin geworden.

Das Kreuz

Das Kreuz lässt sich mit zwei bis acht Einzelelementen aufbauen. Für das kleine Kreuz nehmen Sie zwei Elemente, für das mittlere vier und für das große acht. Legen Sie die Schläuche zu einem Kreuz auf dem Boden aus. Je nach Anzahl der eingesetzten Schläuche ist es ein kleines oder großes Hindernis. Sie können mit dem Kreuz gerade richtende und biegende Übungen reiten und müssen nicht absteigen, um den Parcours zu verändern.

Nach dem Lösen reiten Sie im Schritt um das Hindernis herum. Wechseln Sie immer wieder die Hand. Beginnen Sie mit den gerade richtenden Übungen, indem Sie Ihr Pferd über die quer gelegte Gasse treten lassen. Nach ein paar Übungen biegen Sie Ihr Pferd direkt nach dem Übertreten in einer etwas größeren Volte und stellen es wieder gerade, um den nächsten Schlauch zu überqueren. Reiten Sie zum Schluss die Volten so eng wie möglich. Gelingt das gut, probieren Sie es im Trab. Nach kurzer Zeit merken Sie, wie Ihr Pferd seine Hinterhand in den Wendungen einsetzt, um sein Gewicht in der Kurve abzufangen. Das fördert das Untertreten, was sich beim Geradeausreiten bemerkbar macht.

Sie können auch in der Mitte über das Kreuz reiten, also da, wo die Stangenwülste übereinander liegen. Reiten Sie diagonal an, und versuchen Sie es die ersten Male wieder nur im Schritt. Hier soll Ihr Pferd koordiniert die Hufe setzen. Durch die Höhe an dieser Stelle wird es die Beine automatisch höher heben. Nach ein paar Runden probieren Sie das Ganze im Trab.

Fliegende Galoppwechsel

In vielen Reit-Disziplinen werden fliegende Wechsel benötigt. Sie entscheiden oft über Sieg oder Niederlage, egal ob bei Dressur-, Spring- oder Westernreitern. Sogar bei Rennpferden ist das Beherrschen der fliegenden Galoppwechsel nötig, da jede Rennbahn einen Bogen beschreibt. Um Kraftreserven zu schonen, müssen die Pferde auf der Geraden im Außengalopp und in den Bögen im Innengalopp gehen.

Mit den Übungen Basis-Gasse, Pylonen-Acht und Lang-Gasse der Dual-Aktivierung haben Sie Trainingsmöglichkeiten, um fliegende Galoppwechsel und sogar Einer- und Zweierwechsel zu üben.

Bei den fliegenden Wechseln springt das Pferd vom Links- in den Rechtsgalopp und umgekehrt. Als Vorübung ist der einfache Galoppwechsel angesagt, der eine kurze Schrittphase (zwei bis fünf Tritte) zwischen dem Wechsen vorsieht. Bereits die Ausführung dieses Wechsels ist schwer, wenn er korrekt geritten wird, da Sie Trabtritte vermeiden müssen. Körper und Hals

■ Das Kreuz kann über die Mitte oder über einzelne Gassen geritten werden.

■ **Galopp über Parallel-Quer:** Das Pferd lernt, Tempo und Balance zu halten. Diese Übungen helfen besonders stürmenden Pferden, sich gesetzter und sicherer zu bewegen.

des Pferdes sollten gerade bleiben, da sonst die Anlehnung verloren geht. Über das Umstellen müssen Sie sich dabei keine Gedanken machen: Hierbei ziehen die meisten Reiter ohnehin zu sehr am Zügel, sodass sich das Pferd im Genick verwirft und seine Balance verliert. Wenn es den Galoppwechsel in den Gassen lernt, wird es Ihnen die korrekte Stellung schenken.

Die im Galopp hergestellte Versammlung muss im Schritt erhalten bleiben. Sonst kann Ihr Pferd nicht wieder korrekt angaloppieren und fällt auseinander. Trainieren Sie dafür in der Basis-Gasse: Nach dem Aufwärmen reiten Sie mit Ihrem Pferd im versammelten Rechtsgalopp auf die Gasse zu. Kurz vor der Gasse parieren Sie durch. In der Gasse reiten Sie Schritt (vier Tritte). Kurz vor dem Ausgang der Gasse galoppieren Sie im Linksgalopp an.

Diese Übung ist eine gute Vorbereitung für die fliegenden Galoppwechsel, da diese am Besten klappen, wenn das Pferd gerade ist. Beherrschen Sie die einfachen Wechsel, können Sie sich an die fliegenden Galoppwechsel wagen.

Dabei müssen Sie spüren, wann das Pferd wechseln kann. Es kommt also auf korrekte Hilfen in der Sekunde an, in der das Pferd die Möglichkeit hat, umzuspringen. Das ist genau vor und während der Schwebephase, die im Galopp entsteht.

Dabei müssen Sie gerade weiterreiten. Das Pferd soll weder Vor- noch Hinterhand zur Seite stellen. Bedenken Sie, dass jedes Pferd im

■ Beim Galopp in der sehr eng gelegten Gasse bleibt das Pferd rund und gerade. Das hilft ihm auch dabei, fliegende Wechsel gerade, balanciert und gelassen zu springen.

Galopp nicht symmetrisch geht. Im Rechtsgalopp geht das linke Beinpaar in einem kürzeren Tritt als das rechte, und anderes herum. Deshalb ist der Pferderücken im Galopp nie ganz gerade. Zusätzlich kämpft das Pferd noch mit seiner natürlichen Schiefe. Versuchen Sie einen fliegenden Galoppwechsel von einem Zirkel zum anderen, ist dies ohne ein Geraderichten in der Mitte für den Anfänger sehr schwierig.

Benutzen Sie deshalb die Pylonen-Acht für den fliegenden Galoppwechsel: Nach dem Lösen galoppieren Sie im versammelten Tempo zuerst um die ganze Acht herum. Dann biegen Sie in die Pylonen-Gasse ein. Während Sie sich genau in der Mitte der Gasse befinden, geben Sie die Hilfen zum fliegenden Galoppwechsel. Am Pylonenende wechseln Sie auf die andere Hand und galoppieren mindestens zwei Runden auf der neuen Hand.

Würden Sie sofort wieder wechseln, würde sich Ihr Pferd schon auf die neue Richtung einstellen und wäre nicht mehr gerade. Wiederholen Sie die Übung noch einmal. Funktioniert das gut, hören Sie nach spätestens drei Übungen auf.

In der Lang-Gasse können fortgeschrittene Reiter und Pferde sehr gut die Einer-Wechsel üben. Legen Sie sich für den Anfang die Gassen etwas breiter. Reiten Sie nach dem Lösen im versammelten Galopp in die Gasse und beginnen Sie mit den Zweier- oder Einer-Wechseln. Die Gasse hält Sie und Ihr Pferd gerade.

Kommentare zur Dual-Aktivierung

»Verbessert die Gänge«

Roger Kupfer, Westerntrainer

Die Dual-Aktivierung verbessert die Beweglichkeit, die Konzentrationsfähigkeit und die Gangarten. Das geht relativ schnell. Wenn man ein Pferd eine Woche aktiviert, merkt man bereits enorme Fortschritte. Wir setzen die Dual-Aktivierung ständig ein, sogar bei Sliding Stops. Selbst der größte Hans-Guck-in-die-Luft arbeitet nach kurzer Zeit in vorbildlicher Selbsthaltung mit aktiver Hinterhand. Dabei werden die Pferde gerade, balanciert, aufmerksam, ruhig und sehr leicht in der Hand. Dazu lernen sie die Gelassenheit. Wir gymnastizieren nach wie vor, haben aber festgestellt, dass es nach der Dual-Aktivierung leichter geht. Die Pferde verstehen plötzlich schneller, um was es geht, weil sie die Bewegungen schneller speichern können. Durch den raschen Wechsel rechtes Auge-linkes Auge werden sie rasch beidhändig. Daher ist die angeborene Händigkeit wesentlich leichter durch die Dual-Aktivierung zu korrigieren als allein durch traditionelles Geraderichten mit Seitengängen. Außerdem nimmt die Beweglichkeit des Pferdes zu. Durch die gelb-blauen Hindernisse und die ständigen Reize für beide Augen verbessert sich die Feinmotorik. Man hat immer wieder Ärger mit der steifen und hohlen Seite. Die Gymnastizierung ist daher ein absolutes Muss. Neu ist die Leichtigkeit, die ein Pferd durch die Dual-Aktivierung erhält. Das ist ein enormer Fortschritt. Dabei ist das Ganze in der Trainingswissenschaft der Menschen ein alter Hut. Da weiß man schon lange, dass die

■ Roger Kupfer setzt die Dual-Aktivierung regelmäßig bei der Ausbildung ein.

Bewegungskoordination steigt, wenn beide Körperseiten und damit beide Gehirnhälften im schnellen Wechsel trainiert werden. Nach einer Anleitung, etwa einem Wochenendkurs, kann jeder die Grundlagen der Dual-Aktivierung einsetzen, ohne dem Pferd zu schaden. Natürlich ist die Dual-Aktivierung kein Freifahrtschein für schlechtes Reiten, aber sie erleichtert gutes Reiten enorm.

»Bin spontan überzeugt«

Karin Link, Pferdesport-Therapeutin, Akademie für Pferdesport-Therapie/ Michael Baxter, Warendorf NRW

Dass die Verbindung Gehirn-Rückenmark-Beinkoordination entscheidend ist, weiß ich aus meiner Arbeit mit gehandicapten Reitern, da ich unter anderem Hannelore Brenner betreute, Mitglied des deutschen Paralympic-Teams. Ich habe die Dual-Gassen in meine Arbeit mit Pferden und Reitern eingebaut. Es ist erstaunlich, wie sich Pferde durch den ständigen Links-Rechts-Wechsel und die optischen Reize am Boden in kurzer Zeit schließen und mit Rücken und Hinterhand arbeiten. Die Reiter hören auf, mit Pferd und Gebiss zu kämpfen. Ich habe den Trakehner-Wallach Flagranti (siehe Seite 107) untersucht, nachdem er die Dual-Aktivierung durchlaufen hatte. Dabei stieß ich auf ein interessantes Phänomen: Die meisten Pferde bleiben ruhig, wenn man ihnen auf der linken Seite in der Gurtlage in die Flanke drückt. Gleichzeitig heben sie den Rücken. Dabei bleibt das linke Auge ruhig. Probiert man dasselbe von rechts, wird das rechte Auge starr und ängstlich. Sie verkrampfen und zeigen auf der rechten Seite keine Rückenaktivität. Flagranti war auf beiden Seiten absolut locker, blieb auch rechts ruhig und hatte eine gleichmäßig ausgeprägte Rückenmuskulatur. Das habe ich bisher nur bei hervorragend gerade gerichteten und gymnastizierten Pferden erlebt – und von denen gibt es in Deutschland allen Behauptungen zum Trotz – aus meiner Sicht nur zwei oder drei Exemplare.

■ **Desmond O'Brian in der Sattelkammer der Wiener Hofreitschule.**

sen. Das Pferd ist außerdem ein Headsheaker und hat Probleme mit den Nebenhöhlen. Selbst das ist seit der Dual-Aktivierung deutlich besser geworden. Dual-Aktivierung ist eine Sache, von der man noch viel hören wird!

»Ich mache weiter mit der Dual-Aktivierung«

Desmond O'Brian, Instructor A, Sattlermeister der Spanischen Hofreitschule Wien

Ich war für zwei Tage mit meinem sechsjährigen Lipizzaner bei Michael Geitner. Das Pferd hatte das Problem, dass es im Gang enorm schwankte. Nach zwei Tagen Arbeit mit der Dual-Aktivierung lief es in den Gassen schnurgerade. Dieser Erfolg hat mich überzeugt, mit der Dual-Aktivierung weiterzumachen. Hätte es nicht geklappt, hätte ich die Finger davon gelas-

»Sollte ins Repertoire jedes Ausbilders«

Ralf Kornprobst, Pferdewirt, Dressur-Ausbilder bis Grand Prix Erding (Bayern)

Meine achtjährige Stute Rocca la Donna ist bis Grand Prix ausgebildet. Sie hat unendlich viel Talent, aber ein Problem: Sie verhaut seit vier Jahren jede Prüfung, weil sie unglaublich schreckhaft und verspannt ist. Ich bekomme sie nicht zur Losgelassenheit; sie hat immer wieder Angstattacken. Wenn wir zu Hause trainieren, scheut sie sogar vor den Hühnern des benachbarten Bauern und erstarrt dann zur Salzsäule. Wir haben bereits alles ausprobiert: Sie bekam homöopathische Mittel und wurde vom Tierarzt mit Beruhigungsmitteln behandelt. Alles half nur kurzfristig. Sowie die Stute beim Reiten wieder auf sich gestellt war, hatte sie Rückfälle. Dann wurde mir die Dual-Aktivierung empfohlen. Die Stute war drei Wochen bei Michael Geitner, die Veränderungen sind enorm: Sie ist wesentlich ruhiger. Trotz kleiner Rückfälle ist noch keiner so weit mit dem Pferd gekommen. Ich arbeite nun weiter mit der Dual-Aktivierung. Ich halte viel von der Methode, weil sie absolut gewaltfrei, logisch und für das Pferd nachvollziehbar ist.

»Bin überzeugt«

Roland Freund, Military-Reiter, Trainer B, Reitanlage Lillhof in Pfarrkirchen (Bayern)
Mein Hengst Stan the Moon begann plötzlich zu steigen, wenn ihm ein Pferd auf dem Abreiteplatz frontal entgegenkam. Dabei drehte er blitzschnell auf der Hinterhand um. Es wurde immer schlimmer. Ich habe alles versucht, was die klassische Ausbildung an Lösungen bietet, mit anderen Pferden geübt, andere Trainer um Rat gefragt. Keiner konnte mir helfen. Ein Ausbilder meinte: »Tut mir Leid, damit musst Du leben und dem Problem aus dem Weg gehen.« Das hätte das Aus im Sport für Stan the Moon bedeutet. Dann gab mein Vielseitigkeits-Kollege Dr. Matthias Baumann den Tipp, es mit der Dual-Aktivierung zu versuchen. Stan the Moon war zwei Wochen bei Michael Geitner im Training und nun ist das Problem weg! Ich habe mir die Methode angeschaut, damit ich sie zu Hause anwenden kann. Mich hat sie überzeugt.

»Renitent bockt nicht mehr«

Christiane Brandl, Pferdewirtschaftsmeisterin Schwerpunkt Springen
Ich hatte ein sehr schwieriges Pferd im Beritt. Der Wallach Renitent machte schon beim Anreiten Probleme und bockte später immer wieder seine Reiter ab. Mit ihm sind mehrere Berufsreiter schwer gestürzt. Sein größtes Problem war das Bocken und Weglaufen. Es war unmöglich, auf ihn aufzusteigen. Renitents Besitzer willigte ein, ihn zur Dual-Aktivierung zu schicken. Ich war erst skeptisch, schließlich wusste ich nicht viel darüber und für mich klang das alles eher esoterisch. Nach sechs Wochen holten wir das Pferd ab. Seitdem ist Renitent wie ausgewechselt. Er steht beim Aufsteigen still, hat seither kein einziges Mal mehr gebockt, obwohl er oft Gelegenheit dazu gehabt hatte. Er ist ungeheuer kooperativ geworden. Das Ergebnis hat mich überzeugt. Ich will mir nun die Methode zeigen lassen und finde schon jetzt, dass sie durch ihren Erfolg ein fester Bestandteil der Reitlehrer-Ausbildung werden sollte!

»Sehr effizient«

Thomas Kranz, Tinkerhof Mooshof
Wir importieren etwa 70–80 Tinker pro Jahr aus Irland. Sie durchlaufen bei uns eine zweimonatige Grundausbildung, ehe wir sie verkaufen. Nach dieser Zeit müssen sie so sicher im Umgang und unter dem Sattel sein, dass auch unerfahrene Reiter mit ihnen klarkommen. Wir haben bisher am Boden nach den Methoden von Pat Parelli und Linda Tellington-Jones gearbeitet. Mit keiner konnten wir so durchschlagende Erfolge erzielen, wie mit der Dual-Aktivierung. Sicher gibt es auch andere Wege, aber für uns gibt es keinen effizienteren. Die gelb-blauen Schläuche ersparen uns rund 14 Tage Training. Es ist faszinierend, wie balanciert, gerade, taktsicher ausgeglichen und gelassen die Pferde werden. Sie ist ausgesprochen Pferde schonend und hat den großen Vorteil, dass sie nicht nur am Boden, sondern auch im Sattel funktioniert.

Gelb-Blau im Praxistest

Versuchskaninchen war »Flagranti«, ein fünfjähriger Trakehnerwallach. Flagranti wurde dreijährig angeritten und sollte ein reines Dressurpferd werden, qualifizierte sich aber mit seinem Talent zum Springen und seinem Vorwärtsdrang für den Vielseitigkeitssport. Er hatte einen Start in einer Vielseitigkeit der Klasse L hinter sich und war nacheinander bei vier namhaften Ausbildern in Beritt. Alle verzweifelten an ihm. Ihr Fazit: Flagranti springt über alles, ist aber nicht zu regulieren. Das Urteil seiner letzten Bereiterin war, dass man wahrscheinlich zwei bis drei Jahre benötigen würde, um das Pferd entsprechend der Skala der Ausbildung zu korrigieren
Flagranti war nervös, hatte schlechten Appetit und sah immer aus wie ein »Hungerhaken«. Als letzter Versuch wurde das Pferd zu mir gebracht. Als Reiter stellte sich mein Freund Dr. Matthias Baumann zur Verfügung, ein erfahrener Vielseitigkeitsreiter.

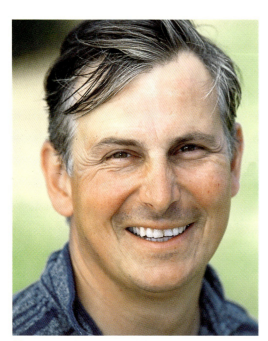

■ **Vielseitigkeitsreiter Dr. Matthias Baumann beurteilte das Pferd vor und nach dem Training.**

Der erste Eindruck

Das Pferd war klar im Kopf und lieb im Umgang. Beim Trensen drehte es sich allerdings weg und trug selbst den Schweif in der Box schief nach rechts. Beim Reiten kämpfte Flagranti gegen alles. Er entzog sich den Hilfen durch rennen. Die Schrittlänge war um zehn Zentimeter zu kurz und die Tritte keineswegs koordiniert. Mit den Hinterbeinen ging Flagranti Hahnentritt ähnlich: Er riss ein Hinterbein hoch und drehte auf dem anderen. Sein Takt war alles andere als sauber. Flagranti war nicht einmal in der Lage, sich auf einem großen Zirkel zu biegen und konnte nicht korrekt geradeaus gehen.
Der Galopp war trampelig. Die Balance stimmte nicht. Drei viertel seiner Hirnleistung verwendete der Wallach darauf, gegen den Reiter zu kämpfen. Er konnte und wollte nicht kooperieren.

Unter dem Sattel

Geritten sah es ähnlich schlecht aus: Flagranti hatte ein massives Anlehnungsproblem. Er konnte keinen Schwung entwickeln und die Anlehnung nicht halten. Ebenso wenig spurte er gerade. In Wendungen driftete er nach außen. Dr. Baumann hatte das Gefühl, auf einem Dreijährigen zu sitzen, der seit sechs Wochen unter dem Sattel war, wobei selbst Dreijährige dann besser gehen. Er ließ den Rücken nicht los und fühlte sich an wie eine Schlange, die sich ständig nach rechst und links windet. Im Galopp brach Flagranti völlig auseinander. Er nahm die Hilfen nicht an, weil sie ihm nicht bekannt waren und er sie dadurch nicht befolgen konnte. Im Schritt, Trab und Galopp konnte er sich nicht ausbalancieren. Bremsen und Lenken funktionierten nicht oder nur eingeschränkt. »Auf einem solchen Pferd eine Geländeprüfung zu reiten und über feste Hindernisse zu springen wäre Kamikaze«, so Dr. Baumann.

■ Flagranti beim ersten Test-Ritt. Er ist nicht balanciert, kann das Tempo nicht halten und reißt ständig den Kopf hoch. Er drückt den Rücken durch und kann nicht einmal auf gerader Linie gehen.

»Ich traue mich nicht einmal mit ihm über einen Baumstamm zu springen.«
Über sein Talent konnte ich in diesem Zustand nur spekulieren, obwohl ich ein gutes Gefühl hatte. Flagranti war äußerlich betrachtet eine Bohnenstange mit Unterhals. Sein sonstiges Gebäude entsprach jedoch genau den Voraussetzungen, die ein gutes Vielseitigkeitspferd braucht: langer Rücken, gute Winkelung der Hinterhand und lange Hosen. Ziel meines Trainings war, in sechs Wochen eine dramatische Verbesserung herbeizuführen.

Prognose und Training

Nach der ersten Aktivierung (insgesamt 30 Minuten) bei der ich am Pferd fünf Minuten mit der Fahne arbeitete, kam ich zu folgendem Urteil: Auf der gewohnten linken Seite zeigte Flagranti kaum Reaktionen. Rechts machte er einen Satz mit der Hinterhand. Er bog sich links nicht und guckte völlig einseitig mit dem rechten Auge. Nach dem Longieren durch die Dual-Gassen war klar, dass es Flagranti rechtsherum deutlich schwerer fiel. Flagrantis Problem war,

■ Erste Arbeit in der Quadrat-Volte: Flagrantis Probleme sind offensichtlich. Weil er keine Balance hat, rutschen ihm die Beine unter dem Körper weg. Das macht ihm Angst und er wird hektisch.

dass seine Hinterhand nicht arbeitete. Deshalb rutschte er immer weg. Sobald er vorne Stress hat, weil man etwas von ihm verlangt, machte er sich fest, konnte die Hinterbeine nicht mehr sortieren und rutschte hinten weg. Er blieb aber trotzdem auf den Beinen, weil er so ein gutes Pferd war.

Flagrantis Trainingsplan

In den ersten Tagen wurde Flagranti in der Quadrat-Volte longiert. Dabei war er recht steif, konzentrierte sich aber sehr gut. Das Problem: Wenn man Tempo aufbaute, rutschte er heftig weg und wurde hektisch, seine Hinterhandaktion war fast nicht vorhanden. In den folgenden Tagen wurde mit dem Wallach ruhig gearbeitet, wobei der Druck für ihn langsam anstieg. Dann arbeitete ich drei bis fünf Minuten am Takt, danach Richtungswechsel. Zum ersten Mal ließ sich Flagranti die Fahne rechts und links über den Körper führen, ohne dabei stehen zu bleiben. Dies werteten wir als gutes Zeichen. Nach drei Tagen wurde er zum ersten Mal geritten, diesmal von meiner Bereiterin Kati: Hier war Flagranti wieder hektisch und panisch. Hinten lief er fast schon hahnentrittig. Zuerst wollte sich der Wallach noch nicht einmal durch die Gassen reiten lassen. Kurze Zeit später wurde er locker und zeigte uns eine kleine Kostprobe seines Talents: Er taktete schön, war ruhig und arbeitete gut aus der Hinterhand. Erste kleine Galoppversuche mit zufrieden stellendem Er-

Gelb-Blau im Praxistest

■ Das selbe Problem von vorne: Flagranti weiß nicht, wie er Probleme und Anforderungen meistern muss. Er reagiert, typisch für viele hochblütige Pferde, mit Rennen und Panik.

gebnis. Am fünften Tag mit leichter Longenarbeit (fünf Minuten Schritt, dann Trab) gab Flagranti nach und ließ sich schön biegen. Mit der Hinterhand taktete er wie eine Nähmaschine.

Arbeit an der Hinterhand

In den nächsten Tagen arbeitete ich gezielt an der Hinterhand: Ich legte Wert auf enge Wendungen, die taktrein von dem Wallach absolviert werden sollten. Flagranti zeigte jedoch noch keine Verbesserung. Er rutschte in den Kurven, setzte die Hinterhand nicht ein, machte sich auf beiden Seiten steif. Am nächsten Tag baute ich einen leichten »Gruselparcours« auf und kleine Sprünge. Diesmal legte ich Wert auf die Außenaktivierung, also das Lasten auf dem nach außen gekehrten Bein. Doch Flagranti zeigte sich auch hier immer noch nervös und ignorierte die Kommandos für den Tempowechsel komplett. Bilanz nach einer Woche Training: Der Druck muss raus! Ich schaltete einen Gang zurück. Leichte Trichter-Gassen im Round Pen auf beiden Händen und siehe da, plötzlich kam der Durchbruch. Der Wallach ging sehr gelassen, ließ sich biegen und arbeitete konzentriert. Die rechte Seite war noch ein wenig problematisch, wurde jedoch immer stärker. Die Hinterhand lastete schön außen und innen. Positiver Nebeneffekt: Flagranti begann endlich, mit Heißhunger seine Ration zu fressen. Ein Problem, das seiner Besitzerin lange das Leben schwer gemacht hatte.

■ Flagranti nach eineinalb Wochen: Seine Balance hat sich deutlich gebessert. Er setzt seine Hinterhand energisch ein und dehnt sich in den Gassen. Seine Tritte werden kadenziert.

Zwischen grausam und Fortschritt

Nach einem Tag Trainingspause folgte der nächste Reitversuch. Für mich sah es grausam aus. Doch auch der zweite Testreiter, Dr. Eberhard Reininger, war zufrieden und attestierte Flagranti eine Verbesserung. In den nächsten Tagen ritt Kati den Wallach. Von der ersten Sekunde an bot sich ein ausgeglichenes Bild: Flagranti war gelassen und zeigte deutlich, wo seine Schwächen lagen. Die einfache Gasse bereitete ihm noch große Probleme, denn seine Schiefe und schlechte Balance kamen voll zum Tragen. Als die Bereiterin das erste Mal die Schenkel anlegt, drehte der Wallach beinah durch. Also hieß es wieder, an Feinheiten und Kleinigkeiten zu arbeiten: In der Quadrat-Volte wurde das Nachgeben der Zügel, in den Gassen das Anlegen der Schenkel kombiniert. Flagranti lernte schnell und ließ sich willig arbeiten. Nach wenigen Tagen war er traumhaft zu reiten. Viele Übungen in der Quadrat-Volte, mit der das einfache Biegen geübt wurde, hatten seine rechte Seite nun als die »bessere« hervorgebracht. Die Gassen machten zwar noch einige Probleme, aber er hatte sich deutlich verbessert. Beim Reiten legte sich das Schwitzen, das beim Longieren auffiel. In den kommenden Tagen arbeitete

■ **Erstes Springtraining. Flagranti springt extrem misstrauisch und taxiert daher besonders hoch. Es ist klar zu erkennen, wie aufmerksam er sich den Gassensprung ansieht.**

ich mit Tempowechseln in der Quadrat-Volte und ließ den Wallach angaloppieren. Flagranti legte seine »Hahnentrittigkeit« im Schritt ab, die nach der Arbeit ganz verschwunden war. Der schief gehaltene Schweif wurde gerader. Sogar der Flagranti typische Sprung nach oben, auf jeden ersten Galoppsprung, war verschwunden.

Ein Musterschüler

Inzwischen wurde Flagranti mit mehr Druck am Bein gearbeitet, was der Wallach langsam akzeptierte. In der nächsten Trainingseinheit baute ich einen Zickzack-Parcours auf (Lombard-Gasse) und erhöhte das Tempo um ein Vielfaches. An diesem Tag zeigte Flagranti, was für ein Musterschüler er sein konnte und es wurde zur Belohnung nur zehn Minuten mit ihm gearbeitet.

Am nächsten Tag stand nur lockeres Longieren mit Biegen des Kopfes auf dem Plan. Durch häufigen Seitenwechsel und als Resultat der Arbeit setzte der Wallach die Hinterhand immer besser ein und taktete gleichmäßig. Im Verlauf der Woche nahm ich die Pylonen-Acht dazu, die Flagranti mit Bravour meisterte. Auf seiner linken Seite war er noch etwas unsicher, absolvierte die Wendungen jedoch schön, da er schon so viel Balance und Tragkraft aufgebaut

■ Flagranti beim Reiten durch die lange Gasse. Er hat seine Balance unter dem Reiter gefunden und stürmt nicht mehr. Außerdem hat er aufgehört, gegen das Gebiss zu kämpfen.

hatte. Nach einer weiteren Trainingspause von zwei Tagen, war Flagranti immer besser zu regulieren. Das Ungestüme war verschwunden und er entwickelte sich zu einem angenehm zu reitenden Pferd.

Springtraining

Im letzten Drittel der Trainingsphase baute ich erste größere Sprünge mit ein: Flagranti verweigerte den ersten Sprung, setzte dann aber über. Zu diesem Zeitpunkt war er noch sehr unkontrolliert und aufgeregt. Zu unserem Erstaunen ließ sich der Wallach jedoch schnell wieder »abschalten« und wurde ruhiger.

Fazit für den nächsten Tag: Wieder einen Gang herunterschalten und nur ruhige Tempowechsel mit Schritt-Trab-Übergängen ins Training einbauen. Der positive Effekt: Flagranti arbeitete sehr gut und gelassen mit. In den nächsten Trainingseinheiten wurden wieder Sprünge mit eingebaut, die Flagranti diesmal ohne Probleme nahm. Das nächste Problem, an dem es zu arbeiten hieß, war das unkontrollierte Losrennen nach dem Sprung. Dabei legte sich Flagranti auf das Gebiss und war nicht mehr zu regulieren. Nach nur drei Einheiten konnte Flagranti das Gelernte gut umsetzen und ließ sich nach dem Sprung im Trab weiterarbeiten.

■ Flagranti beim Abschluss-Test unter Dr. Matthias Baumann. Souverän steht der Wallach an den Hilfen und springt geschmeidig das Hindernis »Coffin«.

Sechs Wochen später

Nach nur sechs Wochen war ein anderes Pferd aus dem Wallach geworden. Ich brachte das Pferd für den Kontroll-Ritt zu Dr. Baumann. »Ich erinnere mich genau an den ersten Proberitt nach dem Training«, sagt Baumann. »Flagranti geht nun wie ein solide ausgebildeter Fünfjähriger. Vorher war er ein verdorbenes Korrekturpferd.

Hektische Reaktionen, Hahnentrittigkeit und der unregelmäßige Gang sind verschwunden. Er ist nun ein sehr gelassenes Pferd, das sich nicht mehr verspannt und Takt sowie Tempo hält. Die Paraden kommen sehr gut durch. Er galoppiert nun gerade und besitzt eine gute Balance. Die Rückentätigkeit ist gut. Er hat sehr viel Muskulatur bekommen; der Hals ist vom Sattel aus gesehen deutlich breiter.

Sein Appetit ist riesig, was gegenüber der Anfangszeit einem Wunder gleicht. Vor allen Dingen vermittelt Flagranti nun in allen Gangarten ein gutes Reitgefühl. Springen ist möglich, was er an den Hindernissen »Wall« und »Coffin« bewies. Flagranti taxiert gut und er ist sehr aufmerksam.

Nun könnte ich mir vorstellen, Flagranti zu einem Buschpferd auszubilden. Dieser Erfolg für ein Sechs-Wochen-Programm ist phänomenal.«

Trainingspläne für jedes Pferd

■ Mikado im Galopp. Das Pferd wirkt noch unkoordiniert und läuft eher als es springt.

Stellen Sie sich Ihren eigenen Trainingsplan zusammen, der auf die Verwendung Ihres Pferdes und Ihr gemeinsames Können abgestimmt ist. Hier finden Sie Beispiele, wie Sie mit einem Sechs-Wochen-Plan Ihr Pferd am Besten mit der Dual-Aktivierung aufbauen. Vorausgesetzt wird, dass Sie zwei- bis dreimal die Woche für zwanzig Minuten (= eine Trainingseinheit) konzentriert mit der Dual-Aktivierung arbeiten. Für die Zeiteinteilung gilt die 10-10-5 Regel.

Probleme lösen: Trainings-Plan für Korrekturpferde

Wenn Korrekturpferde zu mir in die Ausbildung kommen, prüfe ich die einzelnen Punkte der Ausbildung: Wie steht es mit der Balance, der Schiefe, dem Takt, der Losgelassenheit und dem Schwung? Ich schätze das Pferd ein. Neben meinem Team aus Schmied, Sattler, Tierarzt und Physiotherapeut versuche ich, an den Wurzeln des Problems zu arbeiten und nicht an seinen Auswirkungen. Wenn das Pferd taktunrein geht oder verspannt ist, muss ich erst herausfinden, warum das so ist.
Häufig bemerken die Besitzer aufgrund man-

■ Mikado im Trab. Deutlich ist die aktive Hinterhand des Pferdes zu sehen.

Trainingspläne für jedes Pferd

gelnder Erfahrung nicht, dass ihr Pferd Steifheiten in der Biegung zeigt, nicht richtig untertritt, oder sich nur mit dem Genick an die Hand stellt. Die Pferde zeigen ihre mangelnde Balance, die oft heftige Schmerzen verursacht, durch Verweigern, Scheuen im Gelände, Wegspringen in der Bahn oder Losstürmen beim Aufsitzen. Auch Widersetzlichkeiten beim Putzen, Satteln, beim Schmied oder beim Verladen können auf Koordinationsprobleme hindeuten. Die Dual-Aktivierung erleichtert dem Pferd die Arbeit. Es wird selbsttätig. Pferde, die jahrelang »schief geritten« wurden und entsprechend schief gingen, treten plötzlich in der Biegung richtig unter und lassen sich korrekt stellen, obwohl der Reiter sich nur unwesentlich verbessert hat.

Wir beginnen bei Korrekturpferden mit der Führ- und Fahnenarbeit. Sie zeigt, weshalb dieses Pferd so oder jenes Pferd anders reagiert.

Vorarbeit
Führ- und Fahnenarbeit:
2–3 Trainingseinheiten pro Woche.

1. Woche

1. Tag:	Longieren durch die Basis-Gasse (Schritt und Trab)
2. Tag:	Longieren durch die Doppel-Gasse (Schritt und Trab)
3. Tag:	Longieren durch die Quadratvolte (Schritt und Trab)

2. Woche

1. Tag:	Longieren durch die Basis-Gasse (Schritt und Trab)
2. Tag:	Longieren durch die Doppel-Gasse (Schritt und Trab)
3. Tag:	Longieren durch die Quadratvolte (Schritt und Trab)

3. Woche

1. Tag:	Reiten durch die Basis-Gasse (Schritt und Trab)
2. Tag:	Reiten durch die Basis-Gasse enger gestellt (Schritt und Trab)
3. Tag:	Reiten durch die Doppel-Gasse enger gestellt (Schritt und Trab)

4. Woche

1. Tag:	Reiten durch die Basis-Gasse (Schritt und Trab)
2. Tag:	Reiten durch die Basis-Gasse enger gestellt (Schritt und Trab)
3. Tag:	Reiten durch die Doppel-Gasse enger gestellt (Schritt und Trab)

5. Woche

1. Tag:	Reiten über das Dreieck und durch die Doppel-Gasse mit Tempowechsel (Schritt und Trab)
2. Tag:	Reiten durch die Quadratvolte und über das Dreieck mit Tempowechsel (Schritt und Trab)
3. Tag:	Reiten über das Dreieck und durch die Pylonen-Acht (Schritt und Trab)

6. Woche

1. Tag:	Reiten durch die Doppel-Gasse eng und den Trichter eng (Schritt und Trab)
2. Tag:	Reiten durch die Doppel-Gasse und die Acht (Schritt und Trab)
3. Tag:	Reiten durch die Quadratvolte und die Acht mit Tempowechsel (Schritt und Trab)

■ **Kombinierte Dreiecke. Streift das Pferd das Plastik, ermahnt es das Rascheln zur Sorgfalt.**

Trainingsplan für schiefe Pferde

Ein gerade gerichtetes Pferd spurt die Hinterbeine in Richtung der Vorderbeine, nicht seitlich daneben. Dass dies manchen Pferden schwerfällt, hängt von der Linksbiegung ab, die die meisten Pferde haben. Neuere Forschungen haben ergeben, dass die Lage im Mutterleib darauf keine Auswirkungen hat, sondern die Schiefe im Gehirn entsteht. Mit der Dual-Aktivierung geritten oder longiert, kann ein Pferd sehr gut gerade gerichtet werden. Arbeiten Sie mit Ihrem Pferd gleichmäßig auf beiden Händen, auch wenn Sie erkannt haben, auf welcher Seite die Schiefe sitzt. Viele meinen, durch das häufige Bearbeiten der schlechten Seite würde sich das Ganze fügen. Ein gutes Ergebnis wird aber nur durch die Gleichseitigkeit erzielt.

1. Woche

1. Tag:	Longieren durch die Basis-Gasse (Schritt und Trab)
2. Tag:	Longieren durch die Basis-Gasse (Schritt und Trab)
3. Tag:	Longieren durch die Basis-Gasse (Schritt und Trab)

2. Woche

1. Tag:	Longieren durch die Doppel-Gasse (Schritt und Trab)
2. Tag:	Longieren durch die Doppel-Gasse (Schritt und Trab)
3. Tag:	Longieren durch die Doppel-Gasse (Schritt und Trab)

3. Woche

1. Tag:	Longieren durch die Basis-Gasse eng (Schritt und Trab)
2. Tag:	Longieren durch die Basis-Gasse eng (Schritt und Trab)
3. Tag:	Longieren durch die Basis-Gasse eng (Schritt und Trab)

4. Woche

1. Tag:	Longieren durch die Doppel-Gasse eng (Schritt und Trab)
2. Tag:	Longieren durch die Doppel-Gasse eng (Schritt und Trab)
3. Tag:	Longieren durch die Doppel-Gasse eng (Schritt und Trab)

5. Woche

1. Tag:	Longieren durch die Doppel-Gasse und die Quadratvolte (Schritt und Trab)
2. Tag:	Longieren durch die Doppel-Gasse und die Quadratvolte (Schritt und Trab)
3. Tag:	Longieren durch die Doppel-Gasse und die Quadratvolte (Schritt und Trab)

6. Woche

1. Tag:	Longieren durch die Doppel-Gasse und die Quadratvolte eng (Schritt und Trab)
2. Tag:	Longieren durch die Doppel-Gasse und die Quadratvolte eng (Schritt und Trab)
3. Tag:	Longieren durch die Doppel-Gasse und die Quadratvolte eng (Schritt und Trab)

Trainingsplan für eine energische Hinterhand

Geht ein Pferd ohne Schub aus der Hinterhand, »fällt es auseinander«. Es verschenkt Kraft für die Vorwärtsbewegung und latscht auf der Vorhand. Gut versammelte Pferde benutzen zwar die Hinterhand, aber noch nicht so, wie sie es könnten. Bei Springpferden sieht man es besonders deutlich, wenn sie in engen Wendungen mit dem äußeren Bein wegrutschen, anstatt darauf zu lasten und weiter unterzutreten. Die Balance und die Koordination fehlen. Sie können durch gezielte Übungen die Hinterhand Ihres Pferdes aktivieren. Beginnen Sie langsam und steigern Sie dann den Trainingsplan mit engen Wendungen. Um Ihrem Pferd die Möglichkeit zu geben, das Ganze vorab ohne Reiter auszuprobieren, sollten Sie es die ersten drei Wochen nur longieren.

Von diesem Training profitiert jedes Pferd, egal, welchen Ausbildungsstand es hat.

1. Woche

1. Tag:	Longieren durch die Basis-Gasse (Schritt und Trab)
2. Tag:	Longieren durch die Doppel-Gasse (Schritt und Trab)
3. Tag:	Longieren durch die Quadratvolte (Schritt und Trab)

2. Woche

1. Tag:	Longieren durch die Doppel-Gasse und das Dreieck (Schritt und Trab)
2. Tag:	Longieren über das Dreieck und die Quadratvolte (Schritt und Trab)
3. Tag:	Longieren durch die Doppel-Gasse und die Quadratvolte (Schritt und Trab)

■ Das Dreieck ist hier mit einem Pylonenzirkel gekoppelt. Er hilft dem Pferd beim Biegen.

3. Woche

1. Tag:	Longieren durch die Doppel-Gasse und das Dreieck eng (Schritt und Trab)
2. Tag:	Logieren über das Dreieck und die Quadratvolte eng (Schritt und Trab)
3. Tag:	Longieren durch die Doppel-Gasse und die Quadratvolte eng/ein hufbreit (Schritt und Trab)

4. Woche

1. Tag:	Reiten in der Quadratvolte weit und eng (Schritt und Trab)
2. Tag:	Reiten über das Dreieck und die Doppel-Gasse (Schritt und Trab)
3. Tag:	Reiten in der Lang-Gasse weit und eng und der Pylonen-Acht eng (Schritt, Trab, Galopp)

5. Woche

1. Tag:	Reiten durch das Pylonen-S und die Pylonen-Acht (Schritt, Trab, Galopp)
2. Tag:	Reiten durch das Pylonen-S und die Pylonen-Acht eng (Schritt, Trab, Galopp)
3. Tag:	Reiten durch die Pylonen-Acht eng und die Lombard-Gasse (Schritt, Trab, Galopp)

6. Woche

1. Tag:	Reiten durch die Quadratvolte und Pylonen-S eng, 1 hufbreit (Schritt, Trab, Galopp)
2. Tag:	Reiten durch die Lombard-Gasse, Dreieck mit Stange eng/ein hufbreit (Schritt, Trab, Galopp)
3. Tag:	Reiten durch die Quadratvolte und die Pylonen-Acht (Schritt, Trab, Galopp) und Tempowechsel

Trainingspläne für jedes Pferd

■ In den Gassen beginnt das Pferd, Schub aus der Hinterhand zu entwickeln. Oben ist deutlich zu sehen, wie das Pferd hinten tiefer wird, weil es so energisch antritt. Gleichzeitig werden seine Tritte höher. Daher verbessert die Dual-Aktivierung auch schlurfende Pferde.

Trainingsplan für guten Schritt

Manche Pferde sind ideal gebaut, so dass sie von Natur aus einen guten Schritt gehen. Kommt Ihr Pferd diesem Ideal nahe, ist es durch Training einfach, das Untertreten und die Hankenbiegung zu fördern. Entspricht es nicht diesem Ideal, kann es sich durch Dual-Aktivierung enorm verbessern. Dieser Trainingsplan ist für den fortgeschrittenen Reiter.

1. Woche

1. Tag:	Longieren durch die Basis-Gasse weit (Schritt und Trab)
2. Tag:	Longieren durch die Doppel-Gasse (Schritt und Trab)
3. Tag:	Longieren durch die Doppel-Gasse eng (Schritt und Trab)

2. Woche

1. Tag:	Longieren durch die Quadratvolte und über den halben Fächer (Schritt und Trab)
2. Tag:	Longieren durch die Quadratvolte und über den halben Fächer mit Tempowechsel (Schritt und Trab)
3. Tag:	Longieren durch die Quadratvolte und den ganzen Fächer (Schritt und Trab)

3. Woche

1. Tag:	Reiten durch die Doppel-Gasse weit und eng mit Tempowechsel und das Dreieck (Schritt und Trab)
2. Tag:	Reiten durch die Quadratvolte weit und eng mit Tempowechsel und das Dreieck (Schritt und Trab)
3. Tag:	Reiten durch die Pylonen-Acht und den ganzen Fächer mit Tempowechsel (Schritt und Trab)

4. Woche

1. Tag:	Reiten über den ganzen Fächer und durch die Cavaletti-Gasse mit Tempowechsel (Schritt und Trab)
2. Tag:	Reiten durch die Cavaletti-Gasse und die Pylonen-Acht mit Tempowechsel (Schritt und Trab)
3. Tag:	Reiten über das Dreieck und durch Parallel-Quer mit Tempowechsel (Schritt und Trab)

5. Woche

1. Tag:	Reiten durch die Pylonen-Acht und das Pylonen-S (Schritt, Trab, Galopp)
2. Tag:	Reiten durch die Cavaletti-Gasse und das Dreieck (Schritt, Trab, Galopp)
3. Tag:	Reiten über Parallel-Quer weit (Schritt und Trab) und die Quadratvolte eng (Galopp)

6. Woche

1. Tag:	Reiten durch die Lang-Gasse und die Cavaletti-Gasse mit Tempowechsel (Schritt, Trab, Galopp)
2. Tag:	Reiten durch die Lang-Gasse eng, das Dreieck und das Pylonen-S (Schritt, Trab, Galopp)
3. Tag:	Reiten über Parallel-Quer eng und die Pylonen-Acht eng mit Tempowechsel (Schritt, Trab)

Trainingspläne für jedes Pferd

■ Durch bessere Körperkoordination verbessert sich der Schritt. Der innere Hinterfuß tritt in den Wendungen unter den Pferdekörper und nimmt Last auf. Das Pferd beginnt, gelassen und fleißig zu schreiten. Der Reiter sitzt dabei ruhig und stört das Pferd nicht.

Trainingsplan für bessere Koordination

Grobmotoriker unter den Pferden gibt es mehr als man denkt. Das geht vom 800-Kilo-Kaltblut bis zum zierlichen Vollblut. Selbst Dressurpferde der hohen Klasse können manchmal ihre Beine schlecht sortieren. Häufiges Stolpern oder die Weigerung, über ein am Boden liegendes Ästchen zu hüpfen, zeichnet den Bewegungstölpel aus. Das sollte Sie dazu bewegen, ein paar Übungseinheiten Dual-Aktivierung einzuschieben. Koordination findet nämlich im Gehirn statt – beim Menschen wie beim Pferd. Wird das Pferd neu aufgebaut und mit einem besseren Bewegungsmuster ausgestattet, verschwinden Bocken, Steigen & Co.

1. Woche

1. Tag:	Longieren durch die Basis-Gasse (Schritt und Trab)
2. Tag:	Longieren durch die Doppel-Gasse (Schritt und Trab)
3. Tag:	Longieren über das Dreieck (Schritt und Trab)

2. Woche

1. Tag:	Longieren durch die Quadratvolte (Schritt und Trab)
2. Tag:	Longieren über das Dreieck mit Stange mit Tempowechsel (Schritt und Trab)
3. Tag:	Longieren über den ganzen Fächer und das Dreieck (Schritt und Trab)

3. Woche

1. Tag:	Longieren durch den »Gruselparcours« einfach 2 Stangen (Schritt und Trab)
2. Tag:	Longieren durch den »Gruselparcours« einfach 3 Stangen (Schritt und Trab)
3. Tag:	Longieren durch den »Gruselparcours« einfach 4 Stangen (Schritt und Trab)

4. Woche

1. Tag:	Reiten durch die Quadratvolte mit Tempowechsel (Schritt und Trab)
2. Tag:	Reiten durch die Cavaletti-Gasse und die Pylonen-Acht (Schritt und Trab)
3. Tag:	Reiten über das Dreieck und durch die Lombard-Gasse (Schritt und Trab)

5. Woche

1. Tag:	Reiten durch die Lombard-Gasse und die Pylonen-Acht (Schritt und Trab)
2. Tag:	Reiten über die Cavaletti-Gasse und den ganzen Fächer (Schritt und Trab)
3. Tag:	Reiten über Parallel-Quer und die Cavaletti-Gasse (Schritt und Trab)

6. Woche

1. Tag:	Reiten durch den »Gruselparcours« einfach 4 Stangen (Schritt und Trab)
2. Tag:	Reiten durch den »Gruselparcours« schwer 4 Stangen (Schritt und Trab)
3. Tag:	Reiten durch den »Gruselparcours« schwer 6 Stangen (Schritt und Trab)

Trainingspläne für jedes Pferd

■ Typische Reaktion eines unkoordinierten Pferds: Weil es seinen Körper nicht beherrscht, rettet es sich durch einen Sprung über das Dreieck. Je besser seine Koordination wird, desto gelassener und präziser navigiert es sich durch anspruchsvolle Aufgaben wie das Mikado (u.).

■ Fehlende Balance zeigt sich in Wendungen: Hier werden viele Pferde hektisch, weil sie der Fliehkraft folgen und das äußere Bein belasten. Es rutscht weg, das Pferd wird panisch. Durch die Dual-Aktivierung lernen Pferde, das Gewicht mit dem inneren Hinterbein zu tragen.

Trainingsplan für bessere Balance

Wenn Ihr Pferd schaukelt wie ein Holzpferd, hapert es meist mit der Balance. Betroffen sind junge, gerade angerittene Pferde, die im Pass gehen, ebenso wie ältere. Besonders deutlich wird das Problem beim Verladen. Gehen die meisten Pferde noch willig in den Hänger, ist spätestens beim Anfahren Schluss: Wildes Getrampel reißt den Fahrer aus seinen Träumen. Wer es nicht glaubt, der installiere eine Kamera (im Baumarkt oder Campingbedarf als Rückfahrkamera für Wohnmobile). Da wird schnell deutlich, wie Ihr Pferd zu Kurven und anderen Fahrmanövern steht: meist schief. Vorausgesetzt, es sind keine körperlichen Gründe wie blockierte Wirbel und eingeklemmte Nerven der Grund, sollten Sie an der Balance Ihres Pferdes arbeiten. Beginnen Sie sachte, um die Entwicklung Ihres Pferdes wahrzunehmen. Langsames Vorgehen schlägt jede Brechstangenmethode.

Trainingspläne für jedes Pferd

■ **Unausbalanciertes Pferd:** Es läuft breitbeinig und kämpft ständig um sein Gleichgewicht.

1. Woche

1. Tag:	Longieren durch die Basis-Gasse (Schritt und Trab)
2. Tag:	Longieren durch die Doppel-Gasse (Schritt und Trab)
3. Tag:	Longieren durch die Quadratvolte (Schritt und Trab)

2. Woche

1. Tag:	Longieren in der Doppel-Gasse (Schritt und Trab)
2. Tag:	Longieren durch die Quadratvolte (Schritt und Trab)
3. Tag:	Longieren durch die Quadratvolte (Schritt und Trab)

3. Woche

1. Tag:	Reiten durch die Doppel-Gasse (Schritt und Trab)
2. Tag:	Reiten durch den Trichter (Schritt und Trab)
3. Tag:	Reiten durch den langen Trichter (Schritt und Trab)

4. Woche

1. Tag:	Reiten durch die Quadratvolte (Schritt und Trab)
2. Tag:	Reiten durch die Quadratvolte und die Lang-Gasse eng (Schritt und Trab)
3. Tag:	Reiten durch die Quadratvolte weit und eng (Schritt und Trab)

5. Woche

1. Tag:	Reiten über die Cavaletti-Gasse (Schritt und Tab)
2. Tag:	Reiten durch die Lang-Gasse mit Tempovariationen (Schritt und Trab)
3. Tag:	Reiten durch die Lang-Gasse weit und eng (Schritt und Trab)

6. Woche

1. Tag:	Reiten durch die Lang-Gasse (Schritt, Trab, Galopp)
2. Tag:	Reiten über die Cavaletti-Gasse und Quadratvolte eng (Schritt und Trab)
3. Tag:	Reiten über Parallel-Quer und die Quadratvolte (Schritt und Trab)

Dual-Aktivierung

■ Dreieck kombiniert mit Gassen und Pylonen. Es lässt sich aus allen Richtungen durchreiten.

Trainingsplan für Pferde mit Tragkraft-Problemen

Viele Pferde pendeln beim Gehen wie ein Lämmerschwanz. Ihnen fehlt die Koordination; sie wissen nicht, wie sie ihre Beine setzen sollen, um im Gleichgewicht zu bleiben. Meist laufen sie auf der Vorhand. Durch die schlechte Koordination kann ein Pferd von Buckeln über Steigen bis Durchgehen alles zeigen. Natürlich müssen Sie vorher ausschließen, dass das unerwünschte Verhalten durch ein körperliches Leiden entsteht. Viele Kursbesucher berichten, dass sich ihre vorderlastigen Pferde bereits nach kurzer Zeit im Training mit der Dual-Aktivierung neu sortieren. Sie tragen auffällig mehr Gewicht mit der Hinterhand und werden vorne leicht. Um den Plan auch für junge Pferde zu verwenden, ist er bewusst einfach gehalten. Vorarbeit: Führen und Fahnenarbeit zirka drei Trainingseinheiten.

1. Woche

1. Tag:	Longieren in der Basis-Gasse weit (Schritt und Trab)
2. Tag:	Longieren durch die Doppel-Gasse weit (Schritt und Trab)
3. Tag:	Longieren durch die Doppel-Gasse weit (Schritt und Trab)

2. Woche

1. Tag:	Longieren durch die Doppel-Gasse (Schritt und Trab)
2. Tag:	Longieren durch die Quadratvolte (Schritt und Trab)
3. Tag:	Longieren über das Dreieck (Schritt und Trab)

Trainingspläne für jedes Pferd

■ Die anspruchsvollen Aufgaben der Dual-Aktivierung bringen Ruhe ins Pferd. Es lernt, gelassen zu schreiten. Dabei spielen Bauch- und Rückenmuskeln reibungslos zusammen.

3. Woche

1. Tag:	Reiten durch die Quadratvolte (Schritt und Trab)
2. Tag:	Reiten über das Dreieck (Schritt und Trab)
3. Tag:	Reiten durch die Doppel-Gasse (Schritt und Trab)

4. Woche

1. Tag:	Reiten durch die Lang-Gasse (Schritt und Trab)
2. Tag:	Reiten durch die Lombard-Gasse (Schritt und Trab)
3. Tag:	Reiten über Parallel-Quer (Schritt und Trab)

5. Woche

1. Tag:	Reiten durch den Trichter (Schritt und Trab)
2. Tag:	Reiten durch die Trichter mit Stange (Schritt und Trab)
3. Tag:	Reiten durch die Lang-Gasse (Schritt und Trab)

6. Woche

1. Tag:	Reiten durch die Quadratvolte und die Lang-Gasse (Schritt und Trab)
2. Tag:	Reiten durch die Doppel-Gasse und die Quadratvolte (Schritt und Trab)
3. Tag:	Reiten über das Dreieck und durch die Quadratvolte (Schritt und Trab)

Trainingsplan für den Galopp

Fehlende Balance ist die Ursache für die meisten Probleme im Galopp, vorausgesetzt, das Pferd ist gesund und der Sattel passt. Durch die Dual-Aktivierung bekommt Ihr Pferd besseres Gleichgewicht. Kommt das Pferd mit links und rechts nicht zurecht, hat es ein Kopfproblem. Trainieren Sie, bis Ihr Pferd schnell von links auf rechts umschaltet. Je besser es mit den Übungen zurechtkommt, desto enger können Sie die Gasse legen. Anfangs sind 90 Zentimeter Breite ausreichend; im Laufe des Trainings können Sie die Gasse bis auf eine Hufbreite verengen. Lassen Sie die Gasse für Sie arbeiten; fordern Sie vom Pferd lediglich Trab und lassen Sie es in den Gassen am längeren Zügel alleine arbeiten und somit seine Balance selbst finden. Meist reichen wenige Trainingseinheiten aus und Ihr Pferd galoppiert korrekt an.

1. Woche

1. Tag:	Reiten durch die Doppel-Gasse und die Trichter-Gasse (Schritt und Trab)
2. Tag:	Reiten durch die Lang-Gasse und die Quadratvolte (Schritt und Trab)
3. Tag:	Reiten durch die enggestellte Quadratvolte und über das Dreieck (Schritt und Trab)

2. Woche

1. Tag:	Reiten über das Dreieck und durch die Lang-Gasse (Schritt und Trab)
2. Tag:	Reiten über das Dreieck und durch die Lang-Gasse eng (Schritt und Trab)
3. Tag:	Reiten über die Cavaletti-Gasse weit (Schritt und Trab)

3. Woche

1. Tag:	Reiten über Cavaletti-Gasse eng und Quadratvolte eng (Schritt und Trab)
2. Tag:	Reiten durch die Pylonen-Acht weit (Schritt, Trab, Galopp)
3. Tag:	Reiten durch die Quadratvolte eng und die Lang-Gasse eng (Schritt und Trab)

4. Woche

1. Tag:	Reiten durch die Lang-Gasse weit und eng (Schritt, Trab, Galopp)
2. Tag:	Reiten über die Cavaletti-Gasse weit und eng (Schritt, Trab, Galopp)
3. Tag:	Reiten durch die Lombard-Gasse weit (Schritt, Trab, Galopp)

5. Woche

1. Tag:	Reiten über Parallel-Quer weit und eng (Schritt und Trab)
2. Tag:	Reiten über die Cavaletti-Gasse und durch die Lang-Gase weit und eng (Schritt, Trab, Galopp)
3. Tag:	Reiten durch die Lombard-Gasse und die Cavaletti-Gasse eng (Schritt und Trab)

6. Woche

1. Tag:	Reiten durch das Pylonen-S weit und die Lang-Gasse (Schritt, Trab, Galopp)
2. Tag:	Reiten durch die Pylonen-Acht weit und die Lang-Gasse (Schritt, Trab, Galopp)
3. Tag:	Reiten durch die Pylonen-Acht eng und die Lombard-Gasse (Schritt, Trab, Galopp)

Trainingspläne für jedes Pferd

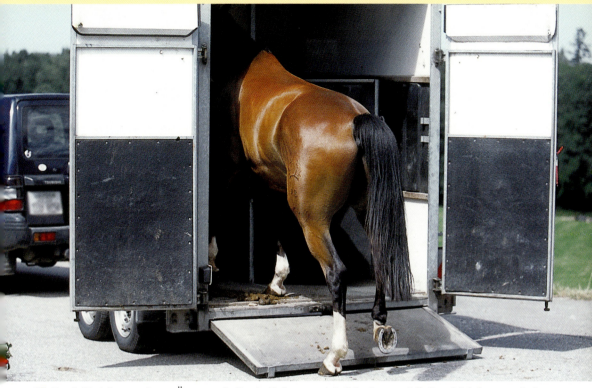

■ Dual-Aktivierung baut Ängste ab. Deshalb lassen sich Pferde anschließend leichter verladen.

Trainingsplan für verladescheue Pferde

Vorarbeit
Führ- und Fahnenarbeit:
zwei bis drei Trainingseinheiten.
Eine Trainingseinheit:
Führen durch die Gassen breit.
Eine Trainingseinheit:
Führen durch die Gassen eng.

1. Woche

1. Tag:	Longieren durch die Basis-Gasse (Schritt und Trab)
2. Tag:	Longieren durch die Doppel-Gasse (Schritt und Trab)
3. Tag:	Longieren durch die Quadratvolte (Schritt und Trab)

2. Woche

1. Tag:	Longieren durch die Basis-Gasse eng (Schritt und Trab)
2. Tag:	Longieren durch die Doppel-Gasse eng (Schritt und Trab)
3. Tag:	Longieren durch die Quadratvolte eng (Schritt und Trab)

3. Woche

1. Tag:	Reiten oder longieren durch die Basis-Gasse eng (Schritt und Trab)
2. Tag:	Reiten oder longieren durch die Basis-Gasse sehr eng (Schritt und Trab)
3. Tag:	Reiten oder longieren durch die Doppel-Gasse sehr eng (Schritt und Trab)

Das ganze Pferd trainieren
Trainingsplan für Remonten

Nach der einwöchigen Gewöhnung mit Fahne, Führen und Longieren durch die Quadrat-Volte starten Sie mit Ihrem Trainingsplan. Schon im letzten halben Jahr vor dem Anreiten können Sie Ihrem Pferd durch Dual-Aktivierung helfen, sich sauber zu balancieren und taktmäßig zu gehen. Alle Übungen können im Schritt und Trab geritten werden. Sie können in der letzten Woche als Steigerung den Galopp versuchen. Beobachten Sie, wie Ihr Pferd Muskeln an der richtigen Stelle ansetzt und wie die Hinterhand zu arbeiten beginnt. Neben einer guten Balance und Koordination erhalten die Pferde durch die Arbeit mit der Dual-Aktivierung auch ein gleichmäßigeres Gangmuster. Konzentrieren Sie sich beim Reiten darauf, Ihre Hilfen dosiert einzusetzen, um Ihr Pferd in den Gassen nicht beim Finden von Takt und Balance zu stören.

1. Woche

1. Tag:	Longieren durch die Basis-Gasse (Schritt und Trab)
2. Tag:	Longieren durch die Quadratvolte (Schritt und Trab)
3. Tag:	Longieren durch die Basis-Gasse und Quadratvolte (Schritt und Trab)

2. Woche

1. Tag:	Longieren durch die Quadratvolte und das Dreieck (Schritt und Trab)
2. Tag:	Longieren über das kleine Kreuz und das Dreieck mit Tempowechsel (Schritt und Trab)
3. Tag:	Longieren durch die Basis-Gasse eng gestellt und über den Fächer (Schritt und Trab)

4. Woche

1. Tag:	Reiten durch die Basis-Gasse sehr eng und über das Dreieck (Schritt und Trab)
2. Tag:	Reiten durch die Basis-Gasse sehr eng und die Acht (Schritt und Trab)
3. Tag:	Reiten durch die Doppel-Gasse sehr eng und über das Dreieck (Schritt und Trab)

5. Woche

1. Tag:	Reiten über das Dreieck, durch die Doppel-Gasse sehr eng und den Trichter eng (Schritt und Trab)
2. Tag:	Reiten durch die Quadratvolte, das Dreieck und den Trichter eng (Schritt und Trab)
3. Tag:	Reiten über das Dreieck, die Quadratvolte und den Trichter mit Stange eng (Schritt und Trab)

6. Woche

1. Tag:	Reiten durch die Doppel-Gasse eng, den Trichter eng und das Dreieck (Schritt, Trab)
2. Tag:	Reiten durch die Doppel-Gasse und die Acht (Schritt und Trab)
3. Tag:	Reiten durch die Acht und das Dreieck (Schritt und Trab)

■ **Dual-Aktivierung an der Longe bereitet das Pferd optimal auf das Anreiten vor.**

Trainingspläne für jedes Pferd

■ Pylonen-Zirkel: Gelb-Blau-Reize fordern Auge und Körper. Der Reiter stört nicht.

3. Woche

1. Tag:	Reiten durch die Basis-Gasse (weit und eng) und die Trichter-Gasse (Schritt und Trab)
2. Tag:	Reiten über das Dreieck und die Trichter-Gasse mit Stange davor (Schritt und Trab)
3. Tag:	Reiten durch die Pylonen-Acht und die Lang-Gasse (Schritt und Trab)

4. Woche

1. Tag:	Reiten in der Quadratvolte (weit und eng), durch die Lang-Gasse und das Pylonen-S (Schritt und Trab)
2. Tag:	Reiten über das Dreieck (mit und ohne Stange davor und dahinter) und über die Cavaletti-Gasse (Schritt und Trab)
3. Tag:	Reiten durch die Lang-Gasse (verschiedene Tempi) und die Acht (Schritt und Trab)

5. Woche

1. Tag:	Reiten über das Dreieck (mit und ohne Stange davor und dahinter) und das Pylonen-S (Schritt und Trab)
2. Tag:	Reiten durch die Lombard-Gasse und die Trichter-Gasse (Schritt und Trab)
3. Tag:	Reiten durch die Acht und die Cavaletti-Gasse lang (Schritt und Trab)

6. Woche

1. Tag:	Reiten über zwei gegenüberliegende Dreiecke und das Pylonen-S (Schritt und Trab)
2. Tag:	Reiten durch die Lombard-Gasse und die Cavaletti-Gasse (Schritt und Trab)
3. Tag:	Reiten in der eng gestellten Acht und der eng gestellten Lang-Gasse (Schritt und Trab)

■ Viele Pferde kämpfen beim Ausritt ständig mit ihrer Angst und gegen den Reiter.

Trainingsplan für »Spazierreitpferde«

Wer gerne ausreitet ist froh, wenn er ein gelassenes Pferd besitzt, das Reize wie plötzlich auffliegende Vögel gut verarbeiten kann. Wer seinem Pferd nur gelegentlich einen Ausritt gönnt und es ansonsten auf die Weide lässt, muss besonders aufpassen: Das Pferd muss quasi von null auf hundert leistungsbereit sein. Geht das Pferd am nächsten Tag klamm, können sich schnell Verspannungen einstellen. Auch solche Pferde werden durch die Dual-Aktivierung deutlich fitter – selbst wenn Sie nur wenig Zeit zum Trainieren haben. Ein aktiviertes Pferd bekommt mehr Ausdauer und ist für die Wochenend-Ritte bestens gerüstet.

1. Woche

1. Tag:	Führ- und Fahnenarbeit mit Tempo und Seitenwechsel
2. Tag:	Führ- und Fahnenarbeit, führen durch die Basis-Gasse
3. Tag:	Longieren durch die Basis-Gasse weit und eng (Schritt und Trab)

2. Woche

1. Tag:	Longieren über den halben Fächer und die Quadratvolte (Schritt und Trab)
2. Tag:	Longieren durch den Trichter und die Quadratvolte (Schritt und Trab)
3. Tag:	Longieren durch die Quadratvolte und den ganzen Fächer (Schritt und Trab)

■ Die erste Begegnung mit den Dual-Gassen zeigt, wo die Schreck-Probleme liegen.

3. Woche

1. Tag:	Reiten durch die Doppel-Gasse weit und eng und die Quadratvolte (Schritt und Trab)
2. Tag:	Reiten durch den langen Trichter weit und eng und die Quadratvolte (Schritt und Trab)
3. Tag:	Reiten über den ganzen Fächer und die Quadratvolte (Schritt und Trab)

4. Woche

1. Tag:	Reiten durch die Quadratvolte weit und eng und die Acht (Schritt und Trab)
2. Tag:	Reiten durch die Lang-Gasse und die Pylonen-Acht (Schritt und Trab)
3. Tag:	Reiten durch die Quadratvolte weit und eng und die Pylonen-Acht (Schritt, Trab, Galopp)

5. Woche

1. Tag:	Reiten durch die Cavaletti-Gasse und die Quadratvolte (Schritt, Trab, Galopp)
2. Tag:	Reiten durch die Lombard-Gasse und die Pylonen-Acht (Schritt, Trab, Galopp)
3. Tag:	Reiten durch die Quadratvolte weit und eng und die Cavaletti-Gasse eng (Schritt, Trab, Galopp)

6. Woche

1. Tag:	Reiten durch die Pylonen-Acht und die Lang-Gasse (Schritt, Trab, Galopp)
2. Tag:	Reiten durch die Lang-Gasse und die Quadratvolte weit und eng (Schritt, Trab, Galopp)
3. Tag:	Reiten durch die Lang-Gasse und Pa-rallel-Quer (Schritt, Trab, Galopp)

■ Geschmeidigkeit und Reaktionsschnelle verbessern sich durch die Dual-Aktivierung.

Trainingsplan für Westernpferde

Schwindel erregende Spins, sagenhafte Sliding Stops und ein reaktionsschnelles »Kuh-Auge« zeichnen das gute Westernpferd aus. Um diese Geschmeidigkeit und Reaktionsschnelle zu erreichen, ist angeblich jahrelanges Training nötig. Deshalb erstaunen mich meine Erfahrungen mit der Dual-Aktivierung immer wieder neu: Gerade in der Westernszene, wo ich viele Kurse gebe, berichten Kursteilnehmer Erstaunliches: Wer zu Hause weiter in den Gassen trainiert, glaubt plötzlich, ein völlig anderes Pferd zu haben. Waren Stops problematisch, ist es bei dem Pferd plötzlich, als wäre ein Knoten im Hirn geplatzt.

Pferde mit Problemen bei Spins lassen sich auf einmal auf beiden Händen gleich gut drehen. Durch diesen Sechs-Wochen-Dual-Aktivierungs-Plan trainieren Sie genau diese bei solchen Lektionen verlangte Geschmeidigkeit, Wendigkeit und Reaktionsschnelle. Die folgenden Übungen sind allerdings für fortgeschrittene Westernreiter ausgelegt. Arbeiten Sie zunächst mit der Fahne, longieren Sie dann das Pferd durch die Basis-Gasse und Quadratvolte.

1. Woche

1. Tag:	Reiten durch die Trichter-Gasse (Walk und Jog)
2. Tag:	Reiten durch die Quadratvolte (Walk und Jog)
3. Tag:	Reiten durch die Doppel-Gasse (Walk, Jog, Canter)

2. Woche

1. Tag:	Reiten über das Dreieck (Walk und Jog)
2. Tag:	Reiten über das Dreieck mit Stange (Walk und Jog)
3. Tag:	Reiten durch die Lang-Gasse (Walk, Jog, Canter)

3. Woche

1. Tag:	Reiten durch die Acht und die Lang-Gasse (Walk und Jog)
2. Tag:	Reiten durch die Lombard-Gasse, über das Dreieck und durch das Pylonen-S (Walk und Jog)
3. Tag:	Reiten auf dem Zirkel über den ganzen Fächer und durch die Lang-Gasse (Walk, Jog, Canter)

4. Woche

1. Tag:	Reiten über die Cavaletti-Gasse und Parallel-Quer (Walk, Jog)
2. Tag:	Reiten durch die Trichter-Gasse, das kleine Kreuz und das Pylonen-S (Walk, Jog, Canter)
3. Tag:	Reiten durch die Lombard-Gasse (Walk, Jog, Canter)

5. Woche

1. Tag:	Reiten durch die Quadratvolte und über das kleine Kreuz (Walk, Jog, Canter)
2. Tag:	Reiten über den halben Fächer und durch die Acht (Walk, Jog, Canter)
3. Tag:	Reiten durch die Lang-Gasse und die Cavaletti-Gasse (Walk, Jog, Canter)

6. Woche

1. Tag:	Reiten durch die Trichter-Gasse mit Stange davor und dahinter und die Acht
2. Tag:	Reiten durch die eng gestellte Lang-Gasse, enges Parallel-Quer und Pylonen-S
3. Tag:	Reiten durch die enge Quadratvolte und die enge Cavaletti-Gasse

Trainingsplan für Schulpferde

Lockern Sie Ihren Reitunterricht mit der Dual-Aktivierung auf. Das verbessert die Rittigkeit der Schulpferde und motiviert die Reitschüler. Hier ein Beispiel für eine Fünfer-Gruppe, die sich bereits auf mittlerem Leistungs-Niveau befinden sollte. Anhand der Übungen kann die Skala der Ausbildung leicht verständlich erklärt werden. Entweder Sie bilden zwei Gruppen, von denen jeweils drei Reiter an den Übungen arbeiten und zwei zusehen, oder Sie lassen immer nur einen Reiter durch den Parcours und alle anderen beobachten: Wie war die Zügelführung des Reiters? Wie hat das Pferd seine Hinterhand eingesetzt? Geht es noch etwas enger mit den Schläuchen?
Wichtig ist, dass die Beobachter mit Ihren Pferden auf dem Hufschlag im Schritt weitergehen, damit kein Pferd auskühlt.
Durch einen Pferdetausch gewinnt das Ganze noch einmal an Reiz: Welcher Schüler beherrscht sein Pferd im Parcours am Besten? Haben Sie 60 oder 45 Minuten Unterricht auszufüllen, können Sie zunächst die Führ- oder Fahnenarbeit verlangen. Danach beginnt die Lösungsphase. Dazu lassen Sie die Schüler aufsteigen. Erst dann geht es in die Gassen. Unbedingt beachten: Für reine Schulbetriebe, in denen die Pferde drei oder mehr Stunden am Tag gehen, müssen Sie die Übungen im Schwierigkeitsgrad und Tempo herunterschrauben!

1. Woche
(ausgelegt für eine Trainingseinheit pro Woche)
- Führ- und Fahnenarbeit und Führen durch die Gassen zum Eingewöhnen
- Reiten durch die Basis-Gasse in Schritt und Trab
- Reiten durch die Doppel-Gasse

2. Woche
- Reiten durch die Basis-Gasse im Schritt und Trab

Dual-Aktivierung

■ Schulpferde schlurfen häufig und liegen schwer auf der Hand. Wer die Dual-Aktivierung in den Unterricht einbaut, wird mit rittigeren Pferden belohnt, die den Schüler fühlen lehren.

- Reiten durch die Doppel-Gasse im Schritt und Trab
- Reiten durch die enger gestellte Doppel-Gasse im Schritt und Trab

3. Woche
- Reiten durch die Trichter-Gasse im Schritt und Trab
- Reiten durch die Trichter-Gasse mit Stange davor im Schritt und Trab
- Reiten durch die Trichter-Gasse mit Stange davor und dahinter im Schritt und Trab
- Reiten der Quadratvolt im Schritt

4. Woche
- Reiten durch die Quadratvolte im Schritt und Trab
- Reiten durch den halben Fächer im Schritt und Trab

- Reiten über die Cavaletti-Gasse im Schritt und Trab

5. Woche
- Reiten durch die Lang-Gasse im Schritt und Trab
- Reiten über die Cavaletti-Gasse und die Quadratvolte im Schritt und Trab
- Reiten über den ganzen Fächer im Schritt und Trab

6. Woche
- Reiten durch die Lang-Gasse und über den ganzen Fächer im Schritt und Trab
- Reiten über den halben Fächer im Schritt und Trab
- Reiten über Parallel-Quer und durch die Quadratvolte im Schritt und Trab

Trainingsplan für Vielseitigkeitspferde

Vielseitigkeitspferde sind besonderen Belastungen ausgesetzt: Ausdauer, Sprungkraft, Nervenstärke und Koordination über den zum Teil gewaltigen Hindernissen zählen. Durch die Dual-Aktivierung verbessert das Vielseitigkeitspferd seine Balance. Durch das Training der tiefen Muskelgruppen wird die Lunge so gestützt, dass sie ihr optimales Volumen entfalten kann.

Dadurch gewinnt jedes Pferd ein Leistungsplus. Der Trainingsplan ist für fortgeschrittene Reiter. Bewältigen Sie die Übungen in allen drei Gangarten. Geben Sie dem Pferd die Möglichkeit, sich an das neue Bewegungsmuster langsam zu gewöhnen. Sie sollten nicht auf die Fahnenarbeit und das Longieren verzichten, da es neue Erkenntnisse über Ihr Pferd bietet. Wie schief ist es? Wie spurt es? Wie sehr kann die Hinterhand aktiviert werden? Das ist besonders wichtig, wenn Ihr Pferd im Parcours rutscht.

1. Woche

1. Tag:	Reiten durch die Doppel-Gasse und die Trichter-Gasse
2. Tag:	Reiten durch die Trichter-Gasse eng gestellt und die Quadratvolte
3. Tag:	Reiten durch die eng gestellte Quadratvolte und über das Dreieck

2. Woche

1. Tag:	Reiten über das Dreieck mit Stange davor und dahinter und die Lang-Gasse
2. Tag:	Reiten durch die Lombard-Gasse und die Acht
3. Tag:	Reiten über die Cavaletti-Gasse und die Acht

3. Woche

1. Tag:	Reiten über Parallel-Quer, die Lang-Gasse und die Quadratvolte
2. Tag:	Reiten durch die Lombard-Gasse eng gestellt
3. Tag:	Reiten durch die Quadratvolte eng, den ganzen Fächer Zirkel und die Lang-Gasse

4. Woche

1. Tag:	Reiten über das Dreieck mit beiden Stangen und durch die Acht
2. Tag:	Reiten durch die Acht eng gestellt
3. Tag:	Reiten über die Cavaletti-Gasse, die Quadratvolte, die Lombard-Gasse und das Pylonen-S

5. Woche

1. Tag:	Reiten über Parallel-Quer, den ganzen Fächer (Zirkel) und durch die Lang-Gasse
2. Tag:	Reiten über die Cavaletti-Gasse, das Dreieck und durch die Lombard-Gasse
3. Tag:	Reiten durch die Quadratvolte eng und die Pylonen-Acht eng

6. Woche

1. Tag:	Reiten über Parallel-Quer eng
2. Tag:	Reiten über das Dreieck, die Lang-Gasse, die Cavaletti-Gasse und durch das Pylonen-S
3. Tag:	Reiten durch die Quadratvolte eng und die Pylonen-Acht eng

■ Das Pferd hat den blau-gelben Sprung gut taxiert und überspringt ihn souverän. Die Dual-Aktivierung fördert außerdem das Geradebleiben über dem Sprung.

Trainingsplan für Springpferde

Das Leben ist zu kurz, um Dressur zu reiten, meinen die Springreiter. Und zu kurz, um ein Pferd mit schlechter Hinterhandaktion zu springen, ergänze ich. Besonders in den Springen höherer Klassen wird Wert auf enge Wendungen gelegt, denn im Stechen entscheiden hundertstel Sekunden. Da wäre jeder gerne in der Lage, mit seinem Pferd durch spektakuläre Wendungen ein paar Sekunden gut zu machen. Grund genug, das Sechs-Wochen-Programm der Dual-Aktivierung mit ins Training aufzunehmen. Dieser Plan arbeitet gezielt an der Aktivierung der Hinterhand. Durch das Lasten auf dem richtigen Bein verhindert Ihr Pferd das Wegrutschen in den Wendungen. Sie schulen die Balance, die Koordination und das Taxieren. Durch die Tempovariationen lernt Ihr Pferd, sich weich zurücknehmen und im richtigen Moment aufdrehen zu lassen. Der positive Nebeneffekt durch das Dual-Training auch hier: Die Lunge kann sich maximal weiten, da die Muskelgruppen unterhalb der Lunge aufgebaut werden und somit die Lunge anheben.
Kombinieren Sie Ihr Springtraining mit der Dual-Aktivierung: Vielen Springreitern werden Grundzüge der Dual-Aktivierung gar nicht so

fremd sein. Wer sich an seine ersten Springstunden erinnert, denkt vielleicht noch an die Stangen, die im 90-Grad-Winkel vor die Cavaletti gelegt wurden, damit das Pferd nicht rechts oder links ausbricht und man sich in Ruhe auf seinen Sitz konzentrieren konnte. Auch die ständigen Ermahnungen beim Springtraining wie »schau geradeaus« können Sie für die Dual-Aktivierung beibehalten. Bei der Zügelführung gilt Ähnliches: Nachgeben über dem Sprung und nachgeben in den Gassen.

Halten Sie das Gleichgewicht und sitzen Sie ausbalanciert. Ständiges Ziehen im Maul erzieht Ihr Pferd auch bei der Dual-Aktivierung zur Verweigerung. Üben Sie das richtige Anreiten eines Hindernisses auf dem Zirkel und nehmen Sie zur Übung eine Dual-Gasse. Trainieren Sie das Anreiten aus der Wendung, indem Sie Ihr Pferd korrekt gebogen auf der Kreislinie halten. Nun können Sie Tempovariationen reiten und zur Übung den Parallel-Quer-Parcours der Dual-Aktivierung einbauen. Vorteil: Ohne Abzusteigen haben sie eine Basis-Gasse, eine Doppel-Gasse und Cavaletti. Wenn Sie einen Helfer verpflichten konnten, der Sie vom Boden aus unterstützt, variieren Sie die Abstände und üben dabei gleich das Taxieren: Verweigerungen entstehen fast immer, weil der Reiter falsch taxiert hat. Mit genügend Dual-Gassen simulieren Sie sogar eine geschlossene Kombination in Mini-Format. Hier üben Sie das Wenden auf engem Raum in kleiner Volte (bei Verweigerungen) und erneutes Anreiten mit kurzer Distanz. Dieser Trainingsplan beginnt mit dem Longieren.

■ **Zwei Gassen halten das Pferd auch vor dem Sprung schnurgerade.**

1. Woche

1. Tag:	Longieren durch die Basis-Gasse (Schritt und Trab)
2. Tag:	Longieren durch die Doppel-Gasse (Schritt und Trab)
3. Tag:	Longieren durch die Quadratvolte (Schritt und Trab)

2. Woche

1. Tag:	Longieren durch die Doppel-Gasse eng gestellt und das Dreieck (Schritt und Trab)
2. Tag:	Longieren über das Dreieck und die Quadratvolte (Schritt und Trab)
3. Tag:	Longieren durch die Doppel-Gasse und die Quadratvolte eng (Schritt, Trab, Galopp)

3. Woche

1. Tag:	Reiten durch die Basis-Gasse, Doppel-Gasse und Quadratvolte weit und eng (Schritt und Trab)
2. Tag:	Reiten über Parallel-Quer weit und eng und die Pylonen-Acht (Schritt, Trab, Galopp)
3. Tag:	Reiten über das Dreieck und die Pylonen-Acht (Schritt, Trab, Galopp)

4. Woche

1. Tag:	Reiten durch eine Gasse, vor der am Anfang und Ende je ein Dualschlauch liegt. Weit und eng und durch die Acht (Schritt, Trab, Galopp)
2. Tag:	Reiten durch die selbe Gasse wie am 1. Tag in schnellen Tempowechseln und durch das Pylonen-S (Schritt, Trab, Galopp)
3. Tag:	Reiten durch die Lang-Gasse weit und eng und die Pylonen-Acht eng (Schritt, Trab, Galopp)

5. Woche

1. Tag:	Reiten durch die Gasse mit einem Dualschlauch davor und dahinter; Reiten durch die Pylonen-Acht (Schritt, Trab, Galopp)
2. Tag:	Reiten über Parallel-Quer und durch die Pylonen-Acht eng (Schritt, Trab, Galopp)
3. Tag:	Reiten durch die Pylonen-Acht eng und die Lang-Gasse eng (Schritt, Trab, Galopp)

6. Woche

1. Tag:	Reiten durch die Cavaletti-Gasse, den ganzen Fächer und das Pylonen-S (Schritt, Trab, Galopp)
2. Tag:	Reiten durch die Lombard-Gasse, das Dreieck mit Stange und den Quader (Schritt, Trab, Galopp)
3. Tag:	Reiten über Parallel-Quer und die Acht mit Tempowechseln (Schritt, Trab, Galopp)

Trainingsplan für Dressurpferde (E bis A)

Auch in den unteren Leistungsklassen sind die Anforderungen an ein gut ausbalanciertes Pferd hoch. Mit diesen Übungen arbeiten Sie am Geraderichten Ihres Pferdes. Dieses Training ist für junge Pferde gut geeignet. Erst im letzten Drittel kommen verschiedene Biegungen dazu. Wie weit oder wie eng Sie diese reiten können und wollen, hängt vom jeweiligen Trainingsstand Ihres Pferdes ab. Ich empfehle, auf jeden Fall mit der Fahnenarbeit zu beginnen. Hier zeigt sich oft, wie einseitig Pferde gearbeitet sind und deshalb auf der rechten Hand enorme Probleme haben. Oft sind Pferde auf der rechten Hand steifer als auf der linken. Sie verspannen sich im Schritt oder galoppieren in den Boden. Grund genug, mit dem Sechs-Wochen-Programm der Dual-Aktivierung an diesen Problemen zu arbeiten. Neben der Abwechslung für Ihren Trainingsplan erhalten Sie ein rundum durchtrainiertes Pferd.

1. Woche

1. Tag:	Longieren in der Basis-Gasse (Schritt und Trab)
2. Tag:	Longieren in der Basis-Gasse weit und eng (Schritt und Trab)
3. Tag:	Longieren durch die Doppel-Gasse weit und eng (Schritt und Trab)

2. Woche

1. Tag:	Longieren über den halben Fächer (Schritt und Trab)
2. Tag:	Longieren über den ganzen Fächer (Schritt und Trab)
3. Tag:	Longieren durch die Quadratvolte (Schritt und Trab)

Trainingspläne für jedes Pferd

■ Eine runde Galoppade ist der Traum jedes Reiters. Mit der Dual-Aktivierung lernen Pferde diese koordinierte Bewegung schneller als durch mühsames Arbeiten mit Hand und Schenkel.

3. Woche

1. Tag:	Reiten durch die Doppel-Gasse eng und weit (Schritt und Trab)
2. Tag:	Reiten durch den Trichter weit und eng (Schritt und Trab)
3. Tag:	Reiten durch den langen Trichter mit Stange davor und dahinter (Schritt und Trab)

4. Woche

1. Tag:	Reiten durch die Quadratvolte weit und eng (Schritt und Trab)
2. Tag:	Reiten durch die Lang-Gasse und die Quadratvolte (Schritt und Trab)
3. Tag:	Reiten durch die Quadratvolte weit und eng (Schritt und Trab)

5. Woche

1. Tag:	Reiten durch die Cavaletti-Gasse und die Quadratvolte (Schritt und Trab)
2. Tag:	Reiten durch die Lang-Gasse und den ganzen Fächer (Schritt und Trab)
3. Tag:	Reiten durch die Pylonen-Acht weit und eng (Schritt, Trab, Galopp)

6. Woche

1. Tag:	Reiten durch die Pylonen-Acht und die Lang-Gasse (Schritt, Trab, Galopp)
2. Tag:	Reiten durch die Pylonen-Acht und die Cavaletti-Gasse (Schritt, Trab, Galopp)
3. Tag:	Reiten durch die Pylonen-Acht und Parallel-Quer (Schritt und Trab)

Trainingsplan für Dressurpferde (L)

In Dressurprüfungen der Klasse L, über A, aber unter M, wird auf die Entwicklung der Hinterhand Wert gelegt. Deshalb kommen hier vor allem enge Gassen und enges Biegen in der Quadratvolte zum Zug. Wenn möglich, beginnen Sie mit der Führ- und Fahnenarbeit und longieren dann erst. Hüpft Ihr Pferd bei jedem Mucks zur Seite, führen Sie es zuerst behutsam durch die Gassen. Nach meiner Erfahrung gewöhnen sich sogar die hochblütigsten Cracks schneller an die Gassen, als ihre Besitzer glauben mögen. Auch hier arbeitet die Dual-Aktivierung gleichzeitig an allen Punkten der Ausbildung (Geraderichten, Losgelassenheit, Anlehnung, Takt und Schwung). Die Versammlung wird Ihnen dazu geschenkt.

1. Woche

1. Tag:	Longieren in der Basis-Gasse weit und eng (Schritt und Trab)
2. Tag:	Longieren in der Basis-Gasse weit und eng (Schritt, Trab, Galopp)
3. Tag:	Longieren durch die Doppel-Gasse weit und eng (Schritt, Trab, Galopp)

■ Der Trab wirkt schwerfällig und wenig koordiniert. Das Pferd scheint in den Boden zu laufen. Auch das verbesert sich durch Dual-Aktivierung.

2. Woche

1. Tag:	Longieren über den ganzen Fächer (Schritt, Trab, Galopp)
2. Tag:	Longieren durch den Trichter und den halben Fächer (Schritt und Trab)
3. Tag:	Longieren durch die Quadratvolte (Schritt, Trab, Galopp)

3. Woche

1. Tag:	Reiten durch die Doppel-Gasse eng und weit (Schritt und Trab)
2. Tag:	Reiten durch den langen Trichter weit und eng und mit Stange davor und dahinter (Schritt und Trab)
3. Tag:	Reiten über den ganzen Fächer und die Quadratvolte (Schritt und Trab)

4. Woche

1. Tag:	Reiten durch die Quadratvolte weit und eng und das Dreieck (Schritt und Trab)
2. Tag:	Reiten durch die Lang-Gasse und die Quadratvolte (Schritt, Trab, Galopp)
3. Tag:	Reiten durch die Quadratvolte weit und eng und die Pylonen-Acht (Schritt und Trab)

Trainingspläne für jedes Pferd

■ In der Cavaletti-Gasse lernt das Pferd, sich gerade und leichtfüßig zu bewegen. Vorder- und Hinterbeine treten exakt in einer Linie. Das Pferd gewinnt an Ausdruck.

5. Woche

1. Tag:	Reiten durch die Pylonen-Acht und die Quadratvolte (Schritt, Trab, Galopp)
2. Tag:	Reiten durch die Lang-Gasse und die Pylonen-Acht (Schritt, Trab, Galopp)
3. Tag:	Reiten durch die Pylonen-Acht weit und eng und die Cavaletti-Gasse eng (Schritt, Trab, Galopp)

6. Woche

1. Tag:	Reiten durch die Quadratvolte und die Lang-Gasse (Schritt, Trab, Galopp)
2. Tag:	Reiten durch die Pylonen-Acht und die Quadratvolte weit und eng (Schritt, Trab, Galopp)
3. Tag:	Reiten durch die Pylonen-Acht und Parallel-Quer (Schritt, Trab, Galopp)

Dual-Aktivierung

Trainingsplan für Dressurpferde (M bis Grand Prix)

Die Antwort auf die Frage »Wie verhelfe ich meinem Dressurstar zu noch mehr Brillanz?« erhalten Sie mit anschließendem Trainingsplan. Mit diesen Übungen arbeiten Sie an Takt, Schwung, Losgelassenheit und Geraderichten. Durch die Übungen verbessert sich die Hinterhand-Aktivität Ihres Pferds enorm.

Wer ein schreckhaftes Tier besitzt, trainiert damit das periphere Wahrnehmungsvermögen seines Pferdes und somit die Verarbeitung im Pferdehirn. Vorbei die Angst vor plötzlich aufgespannten Regenschirmen am Dressurviereck, vor seltsamen Richterhäuschen oder vor monströsen Blumenkübeln. Beginnen Sie das Training mit dem Longieren. Wem der Plan zu einfach erscheint, reitet in den langen Gassen zusätzlich Einer- oder Zweierwechsel.

■ Traversalen zählen zu den anspruchsvollen Dressur-Lektionen. Sie erfordern ein schwungvoll gehendes Pferd, das sich biegt.

1. Woche

1. Tag:	Longieren durch die Basis-Gasse weit (Schritt und Trab)
2. Tag:	Longieren durch die Doppel-Gasse (Schritt und Trab)
3. Tag:	Longieren durch die Doppel-Gasse eng (Schritt und Trab)

2. Woche

1. Tag:	Longieren über den halben und den ganzen Fächer (Schritt und Trab)
2. Tag:	Longieren durch den langen Trichter mit Stangen und ganzen Fächer (Schritt und Trab)
3. Tag:	Longieren durch die Quadratvolte und den ganzen Fächer (Schritt und Trab)

Trainingspläne für jedes Pferd

■ Mit Pylonen und Gassen lernt ein Pferd, wie stark es sich mühelos biegen kann.

3. Woche

1. Tag:	Reiten durch die Doppel-Gasse weit und eng und das Pylonen-S (Schritt und Trab)
2. Tag:	Reiten durch die Quadratvolte weit und eng und das Pylonen-S (Schritt und Trab)
3. Tag:	Reiten durch die Pylonen-Acht und die Quadratvolte (Schritt und Trab)

4. Woche

1. Tag:	Reiten über den ganzen Fächer, durch die Quadratvolte und die Cavaletti-Gasse (Schritt und Trab)
2. Tag:	Reiten durch die Cavaletti-Gasse und die Pylonen-Acht (Schritt und Trab)
3. Tag:	Reiten durch die Lang-Gasse und die Pylonen-Acht eng (Schritt und Trab)

5. Woche

1. Tag:	Reiten durch die Quadratvolte weit und eng und das Pylonen-S (Schritt, Trab, Galopp)
2. Tag:	Reiten durch die Pylonen-Acht und die Cavaletti-Gasse (Schritt, Trab, Galopp)
3. Tag:	Reiten über Parallel-Quer weit und eng und die Pylonen-Acht weit und eng (Schritt, Trab, Galopp)

6. Woche

1. Tag:	Reiten durch die Quadratvolte und die Pylonen-Acht weit und eng (Schritt, Trab, Galopp)
2. Tag:	Reiten durch die Lang-Gasse eng, Cavaletti-Gasse eng und das Pylonen-S (Schritt, Trab, Galopp)
3. Tag:	Reiten über Parallel-Quer eng und die Pylonen-Acht eng (Schritt, Trab, Galopp),

■ Bei Gangpferden löst die Dual-Aktivierung Verspannungen und Schiefenprobleme. Dadurch wird der Tölt locker. Die Pferde lernen, Gänge klar zu trennen und die Galoprolle zu meiden.

Trainingsplan für Gangpferde

Egal, ob trabende Tölter oder nicht töltende Traber: Auch Gangpferde profitieren von der Dual-Aktivierung. Balance benötigen Fünfgänger ebenso wie den Takt. Und Takt bedeutet bei Gangpferden alles. Mit nachfolgendem Trainingsplan arbeiten Sie gezielt an der klaren Trennung der einzelnen Gänge und am Takt. Ein großes Problem bei schlecht gerittenen Gangpferden ist, dass die einzelnen Gangarten nicht mehr klar voneinander getrennt werden. Heraus kommen »Schrab«, »Tralopp« oder »Trass«. Achten Sie bei den Übungen auf klare Hilfen, und lassen Sie sich von einem kundigen Helfer begutachten. Wichtig ist, dass Ihr Pferd innerhalb seiner Gangart klar geht. Beobachten Sie die Veränderungen nach jeder Woche. Sie werden feststellen, dass schlurfende Gangpferde sehr schnell zu guten Beinaktionen finden, wenn die Dual-Aktivierung regelmäßig von Ihnen angewendet wird.

Vorarbeit

Fahnen und Führarbeit:
Führen durch die Basis-Gasse und die Doppel-Gasse

Trainingspläne für jedes Pferd

1. Woche

1. Tag:	Longieren durch die Trichter-Gasse (Schritt und Tölt/Trab)
2. Tag:	Longieren durch die Quadratvolte (Schritt und Tölt/Trab)
3. Tag:	Longieren durch die Doppel-Gasse (Schritt und Tölt/Trab)

2. Woche

1. Tag:	Longieren über das Dreieck und die Quadratvolte (Schritt und Tölt/Trab)
2. Tag:	Reiten über das Dreieck und die Trichter-Gasse (Schritt und Tölt/Trab)
3. Tag:	Reiten durch die Lang-Gasse (Schritt und Tölt/Trab)

3. Woche

1. Tag:	Reiten durch die Doppel-Gasse und die Lombard-Gasse (Schritt und Tölt/Trab)
2. Tag:	Reiten durch die Quadratvolte weit und eng (Schritt und Tölt/Trab)
3. Tag:	Reiten durch die Quadratvolte und die Lombard-Gasse (Schritt und Tölt/Trab)

4. Woche

1. Tag:	Reiten durch die Lang-Gasse mit Tempowechsel und die Pylonen-Acht (Schritt, Trab, Tölt/Trab)
2. Tag:	Reiten durch die Lang-Gasse eng und die Quadratvolte (Schritt, Trab, Tölt/Trab)
3. Tag:	Reiten durch die Lombard-Gasse und die Pylonen-Acht (Schritt, Trab, Tölt/Trab)

5. Woche

1. Tag:	Reiten durch die Lang-Gasse und die Lombard-Gasse (alle 5 Gänge)
2. Tag:	Reiten durch die Lang-Gasse (alle 5 Gänge) und Pylonen-Acht (Schritt und Tölt/Trab)
3. Tag:	Reiten durch die Lang-Gasse und (alle 5 Gänge) und Doppel-S (Schritt und Tölt/Trab)

6. Woche

1. Tag:	Reiten die lange Trichter-Gasse und die Lang-Gasse (alle 5 Gänge)
2. Tag:	Reiten durch die eng gestellte Lang-Gasse (alle 5 Gänge) und Pylonen-Acht (Schritt und Tölt/Trab)
3. Tag:	Reiten durch die Lombard-Gasse eng und Lang-Gasse eng (alle 5 Gänge)

■ Egal ob Drei-, Vier- oder Fünfgänger, die Basis-Arbeit in den Gassen ist für alle Pferde gleich.

■ Dehnen, Takten, Lasten: Hier sieht man wieder die zentrale Rolle des Last tragenden Hinterfußes. Das Pferd weicht mit ihm nicht zur Seite aus, sondern tritt unter den Körper.

Trainingsplan für mehr Takt beim Dreigänger

Takt setzt koordinierte Bewegungen voraus. Nur wenn ein Pferd gesund ist und sich wohl fühlt, kann es seinen Körper loslassen und taktrein bewegen. Wichtig ist, dass in jeder Gangart der Takt verändert werden kann, also entweder schneller oder langsamer. Auch dabei muss der Takt gleichmäßig bleiben. Eine gute Kontrolle, ob Ihr Pferd taktrein läuft, bietet die Dual-Aktivierung durch das Longieren durch die Gassen. Läuft Ihr Pferd hier taktrein und beim späteren Reiten nicht mehr, sitzt der »Fehler« auf ihm drauf.

Trainingspläne für jedes Pferd

1. Woche

1. Tag:	Longieren durch die Basis-Gasse (Schritt und Trab)
2. Tag:	Longieren durch die Basis-Gasse (Schritt und Trab)
3. Tag:	Longieren durch die Basis-Gasse und Doppel-Gasse (Schritt und Trab)

2. Woche

1. Tag:	Longieren durch die Quadratvolte (Schritt und Trab)
2. Tag:	Longieren über den halben Fächer (Schritt und Trab)
3. Tag:	Longieren über den ganzen Fächer (Schritt und Trab)

3. Woche

1. Tag:	Reiten durch die Doppel-Gasse und das Dreieck (Schritt und Trab)
2. Tag:	Reiten durch die Lang-Gasse und das Dreieck (Schritt und Trab)
3. Tag:	Reiten durch den langen Trichter und das Dreieck (Schritt und Trab)

4. Woche

1. Tag:	Reiten durch die Doppel-Gasse und die Quadratvolte weit und eng (Schritt und Trab)
2. Tag:	Reiten durch die Doppel-Gasse und den Trichter (Schritt und Trab)
3. Tag:	Reiten durch die Lang-Gasse und die Quadratvolte weit und eng (Schritt und Trab)

5. Woche

1. Tag:	Reiten über die Cavaletti-Gasse und die Pylonen-Acht (Schritt und Tab)
2. Tag:	Reiten durch die Lang-Gasse und die Pylonen-Acht (Schritt und Trab)
3. Tag:	Reiten durch die Lombard-Gasse und die Pylonen-Acht (Schritt und Trab)

6. Woche

1. Tag:	Reiten über den ganzen Fächer und die Lang-Gasse (Schritt und Trab)
2. Tag:	Reiten durch die Pylonen-Acht und die Cavaletti-Gasse (Schritt und Trab)
3. Tag:	Reiten durch die Quadratvolte und die Lang-Gasse (Schritt und Trab)

■ **Rechts-Links-Wechsel in der Lombard-Gasse lehren das Pferd, Richtungswechsel taktrein zu meistern.**

Dual-Aktivierung

■ **Parallel-Quer geritten in unterschiedlichen Trabtempi baut Muskeln auf und verbessert die Atmung.**

Trainingsplan für Distanzpferde

Wer fünfzig Kilometer und mehr läuft, muss nicht nur körperlich fit sein. Ein unerschrockenes Wesen und ein klarer Kopf machen Distanzpferde zu Siegern. Von der Dual-Aktivierung profitieren sie, weil ihnen ein gleichmäßiges Bewegungsmuster antrainiert wird. Durch die Aktivierung kommt der Pferdemotor, die Hinterhand, in Gang. Auch hier entfaltet die Lunge durch den Muskelaufbau ihre volle Leistungsfähigkeit. Beginnen Sie mit Ihrem Pferd mit der Fahnen- und Führarbeit. Der Trainingsplan ist für den fortgeschrittenen Reiter und das trainierte Pferd. Er fördert Ausdauer und Muskelaufbau durch Tempovariationen. Bessere Koordination und Balance bekommen Sie als Nebeneffekt geschenkt.

1. Woche

1. Tag:	Longieren durch die Doppel-Gasse und die Trichter-Gasse (Schritt und Trab)
2. Tag:	Longieren durch die Trichter-Gasse eng gestellt und die Quadratvolte (Schritt und Trab)
3. Tag:	Longieren durch die enggestellte Quadratvolte und über das Dreieck (Schritt und Trab)

2. Woche

1. Tag:	Reiten durch die Basis-Gasse weit und eng gestellt (Schritt und Trab)
2. Tag:	Reiten durch die Doppel-Gasse weit und eng gestellt (Schritt und Trab)
3. Tag:	Reiten durch die Doppel-Gasse mit häufigem Tempowechsel (Schritt, Trab, zulegen und zurücknehmen)

3. Woche

1. Tag:	Reiten durch den Trichter und den ganzen Fächer (Schritt und Trab)
2. Tag:	Reiten durch den langen Trichter und den ganzen Fächer (Schritt, Trab, zulegen und zurücknehmen)
3. Tag:	Reiten durch den langen Trichter mit Stange davor und dahinter und die Pylonen-Acht (Schritt und Trab)

4. Woche

1. Tag:	Reiten durch die Quadratvolte und die Pylonen-Acht (Schritt und Trab)
2. Tag:	Reiten durch die Quadratvolte und die Pylonen-Acht (Schritt und Trab, zulegen und zurücknehmen)
3. Tag:	Reiten durch die Lang-Gasse und die Pylonen-Acht (Schritt und Trab, zulegen und zurücknehmen)

Trainingspläne für jedes Pferd

■ Kondition, Fleiß und Kraft zeichnen ein Distanzpferd aus. Es soll seine Energie nicht durch Kämpfe mit dem Reiter vergeuden, sondern sich willig im Tempo regulieren lassen.

5. Woche

1. Tag:	Reiten durch die Quadratvolte und Lang-Gasse eng gestellt (Schritt und Trab)
2. Tag:	Reiten durch die Pylonen-Acht und die Lombard-Gasse (Schritt, Trab, zulegen und zurücknehmen)
3. Tag:	Reiten durch die Pylonen-Acht eng und die Cavaletti-Gasse eng (Schritt und Trab)

6. Woche

1. Tag:	Reiten über Parallel-Quer und die Quadratvolte eng (Schritt, Trab, zulegen und zurücknehmen)
2. Tag:	Reiten durch die Lang-Gasse und die Quadratvolte (Schritt, Trab, zulegen und zurücknehmen)
3. Tag:	Reiten durch die Quadratvolte eng und die Lombard-Gasse eng (Schritt, Trab, zulegen und zurücknehmen)

■ Auch Fahrpferde profitieren von der Dual-Aktivierung. Sie werden gerade, wendig und durchlässig. Außerdem bekommen sie Kondition, was für den Gelände-Marathon wichtig ist.

Trainingsplan für Fahrpferde

Wer mehrspännig fährt weiß, dass man vor einer Kurve ganz schön ins Schwitzen kommen kann. Bei einer gemütlichen Ausfahrt sicher kein Problem, aber was, wenn ein Fahr-Turnier ins Haus steht und die meisten Gelände-Hindernisse auch noch im Galopp zu bewältigen sind? Ohne durchlässige und koordinierte Zugpferde geht gar nichts. Trainieren Sie mit der Dual-Aktivierung die richtige Lastaufnahme der Hinterhand Ihrer Pferde. Besonders in Kurven muss das richtige Bein fest belastet werden, da es sonst zu dem unerwünschten Wegrutschen kommt. Egal, ob Sie um Hütchen fahren oder aus der Wasserfurt kommen: Ein aktiviertes Pferd bewältigt den Parcours geschickter. Beginnen Sie nach der Führ- und Fahnenarbeit mit dem Trainingsprogramm, durch das Sie gezielt an der Koordination, der Balance, der Wendigkeit und der Ausdauer arbeiten. Da viele Kutschpferde nicht geritten, sondern »nur« zum Fahren eingesetzt werden, ist dieser Trainingsplan auf die Arbeit an der Longe abgestellt.

Trainingspläne für jedes Pferd

1. Woche

1. Tag:	Longieren durch die Basis-Gasse (Schritt und Trab)
2. Tag:	Longieren durch die Doppel-Gasse (Schritt und Trab)
3. Tag:	Longieren durch die Quadratvolte (Schritt und Trab)

2. Woche

1. Tag:	Longieren durch die Doppel-Gasse und die Quadratvolte (Schritt und Trab)
2. Tag:	Longieren durch die Quadratvolte und den Trichter (Schritt und Trab)
3. Tag:	Longieren durch die Quadratvolte und den langen Trichter eng gestellt (Schritt und Trab)

3. Woche

1. Tag:	Longieren über das Dreieck und durch die Quadratvolte (Schritt und Trab)
2. Tag:	Longieren über das Dreieck mit Stange, durch die Quadratvolte und über den halben Fächer (Schritt und Trab)
3. Tag:	Longieren durch die Quadratvolte, über den halben Fächer und durch den langen Trichter (Schritt und Trab)

4. Woche

1. Tag:	Longieren durch den ganzen Fächer, durch die Quadratvolte eng mit Tempowechsel (Schritt und Trab)
2. Tag:	Longieren durch den Trichter mit Stange, Quadratvolte eng mit Tempowechsel (Schritt und Trab)
3. Tag:	Longieren über das Dreieck, durch die Quadratvolte eng mit Tempowechsel (Schritt und Trab)

5. Woche

1. Tag:	Longieren über das Dreieck mit Stange, die Doppel-Gasse eng mit Tempowechsel (Schritt und Trab)
2. Tag:	Longieren durch die Quadratvolte eng, durch den ganzen Fächer und das Dreieck mit Tempowechsel (Schritt und Trab)
3. Tag:	Longieren durch den halben Fächer, das Dreieck mit Stange mit Tempowechsel (Schritt und Trab)

6. Woche

1. Tag:	Longieren durch die Doppel-Gasse und den Trichter (Schritt, Trab, Galopp)
2. Tag:	Longieren durch die Doppel-Gasse, die Quadratvolte und den halben Fächer (Schritt, Trab, Galopp)
3. Tag:	Longieren durch die Quadratvolte, über das Dreieck, durch den ganzen Fächer mit Tempowechsel im Schritt, Trab und Galopp

Danksagung

Eigentlich weiß ich gar nicht, wo ich anfangen soll. So viele Menschen haben die Entwicklung der Dual-Aktivierung geprägt und mich maßgeblich unterstützt, dass die Liste alleine ein neues Buch ergäbe. Deshalb möchte ich allen danken, die uns auf dem Weg zu dieser einzigartigen Methode geholfen haben. Auch wenn ich nicht alle aufzählen kann, weiß jeder einzelne von ihnen, was er für die Dual-Aktivierung geleistet hat.

Zuerst möchte ich meiner Familie danken, die sehr oft auf mich verzichten muss und die an der Heimatfront steht. Sie führt mir jeden Tag das duale System der Arbeitsteilung vor, das mir für meine Arbeit den Rücken freihält.

Meiner Frau Sabine, die mich in den schweren Anfangszeiten immer zum Durchhalten aktivierte, weil es für sie stets eine große Sache war.

Meiner Bereiterin Kathi Hundschell, die man nur mit einem Wort, nämlich »phantastisch« beschreiben kann.

Meinem Freund Robert Greska, der stets zur Stelle ist und kritisch immer wieder ein solides Fundament für meine Arbeit fordert.

Meinem Hufschmied und Arbeitsreiter Christian Hermann. Auch er gehört zu den Entwicklern an vorderster Front.

Der Firma Krämer Pferdesport. Ohne professionelle Verbreitung der Gassen wäre die Dual-Aktivierung nicht möglich. Ich werde das Gefühl nicht los, dass die ganze Firma hinter mir steht.

Kiki Kaltwasser, die den Text für dieses Buch geschrieben hat. Uns verbindet eine jahrelange Zusammenarbeit und Freundschaft.

Dr. Eberhard Reininger, der mit mir zusammen den Grundstein für diese Methode gelegt hat. Er opferte manche Nächte, in denen wir uns in heißen Diskussionen gegenseitig aktivierten, Neues auszuprobieren.

Dr. Matthias Baumann. »Thissy«, wie ihn alle nennen, war ein maßgeblicher Helfer, um die Dual-Aktivierung in der klassischen Szene bekannt zu machen.

Roger Kupfer, der von Anfang an und immer noch voll hinter mir steht. Kaum ein Mensch hat mein Leben so maßgeblich beeinflusst wie er.

Martin Redl, der mit dem Dreieck eines unserer wichtigsten Trainingshilfsmittel erfunden hat.

Raimund Nitsche und Andrea Angel, die mir beibrachten, wie man ein Hochleistungspferd trainiert und es wie einen Champion behandelt.

Volker Eubel, der mir die Gelegenheit gegeben hat, im großen Dressur-Sport meine Erkenntnisse Einzug halten zu lassen.

Und, und, und …

Lassen Sie mich an dieser Stelle aufhören und noch mal allen danken, die auf den Seminaren oder Trainingswochen bei mir waren und geholfen haben, die Dual-Aktivierung zu dem zu machen, was sie heute ist.

Kontaktadresse von Michael Geitner:
Internet: www.be-strict.de

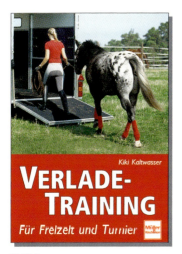

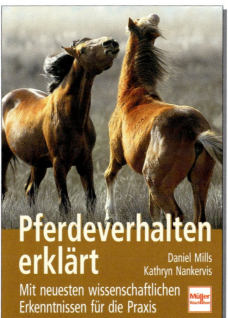

In Harmonie mit dem Pferd

Daniel Mills/Kathryn Nankervis
Pferdeverhalten erklärt
Wohlergehen und Leistung von Pferden lassen sich nur verbessern, wenn der Reiter die Verhaltensweise der Tiere verstehen kann. Die Autoren lassen die Prinzipien hinter dem Verhalten eines Pferdes erkennen. Neben fundierten Texten helfen Illustrationen, die Schlüsselbereiche des Pferdeverhaltens zu verdeutlichen.
224 Seiten, 80 Zeichnungen
Bestell-Nr. 41493
€ 24,90
sFr 43,70/€(A) 25,60

Kiki Kaltwasser
Verlade-Training
»Erziehen Sie sich ein verladbares Pferd«, fordert Kiki Kaltwasser – und zeigt Übungen, die Lust auf das Training am Hänger machen.
160 Seiten, 83 Farbbilder
Bestell-Nr. 41420
€ 22,–/sFr 38,60/€(A) 22,70

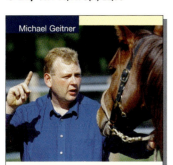

Michael Geitner
Be strict – Denken wie ein Pferd
Stimmt die Kommunikation zwischen Mensch und Pferd nicht, wird dieser Zustand für beide unbefriedigend und gefährlich. Michael Geitner hat eine erfolgreiche Methode entwickelt, die Rangordnung in dieser Zweierbeziehung herzustellen. Sie baut auf das richtige Verständnis und Konsequenz im Umgang mit dem Pferd.
144 Seiten, 99 Farbbilder
Bestell-Nr. 41389
€ 22,–/sFr 38,60/€(A) 22,70

Michael Geitner
Be strict – im Sattel
Der bekannte Pferdetrainer Michael Geitner erklärt, wie das partnerschaftliche Verhältnis zwischen Pferd und Reiter, das am Boden Bestand hat, auch im Sattel erhalten bleibt. Er beschreibt, wie der Mensch im Sattel »ranghoch« und damit konsequent wird und wie er verhindern kann, dass sein Pferd unerwünschte Entscheidungen selbst trifft.
144 Seiten, 91 Farbbilder
Bestell-Nr. 41478
€ 22,–/sFr 38,60/€(A) 22,70

Kiki Kaltwasser
Das GHP-Arbeitsbuch
Sicherheit kann man trainieren und sich durch die erfolgreiche Teilnahme an der Gelassenheitsprüfung (GHP) bescheinigen lassen. Die Prüfungen liegen voll im Trend und Reiter aller Reitweisen erhalten hier das offizielle Buch zur optimalen Vorbereitung. Kiki Kaltwasser beschreibt dabei gleichzeitig zahlreiche Bodenarbeits-Übungen.
160 Seiten, 100 Farbbilder
Bestell-Nr. 41518
€ 19,90/sFr 34,90/€(A) 20,50

Ihr Verlag für Pferde-Bücher
Gewerbestraße 10, CH-6330 Cham
Telefon ++41(0)41 740 30 40
Telefax ++41(0)41 741 71 15
E-Mail: info@mueller-rueschlikon.ch

Stand Oktober 2005
Änderungen in Preis und Lieferfähigkeit vorbehalten

Setzen Sie aufs richtige Pferd!

CAVALLO bringt frischen Wind in die Reiterszene. Jedes Heft bietet Dutzende von Ratschlägen, wie Sie Ihr Pferd besser verstehen, füttern oder erziehen können. Oder wie Sie seine und Ihre Leistung steigern. Und deshalb angenehmer reiten.

CAVALLO packt gern heiße Eisen an.

CAVALLO testet jeden Monat neue Reitschulen und schreibt, was sie taugen.

CAVALLO testet Sättel, untersucht Futter oder berichtet über die neuesten Entwicklungen der Pferdemedizin.

Wir schicken Ihnen gern ein Heft zum Testen. Kostenlos natürlich! Postkarte genügt – oder Fax oder e-mail schicken.

**CAVALLO, Scholten Verlag,
Postfach 10 37 43, D-70032 Stuttgart,
Fax (0711) 236 04 15
e-mail: redaktion@cavallo.de
Internet: www.cavallo.de**

CAVALLO – Das Magazin für aktives Reiten